一本书读懂雨果

READING HUGO IN A
BOOK

大人物系列

袁子茵◎著

沈阳出版发行集团
Ⓜ沈阳出版社

图书在版编目（CIP）数据

一本书读懂雨果 / 袁子茵著 . — 沈阳：沈阳出版社，
2018.3（2020.5 重印）

ISBN 978-7-5441-9016-9

Ⅰ . ①一… Ⅱ . 袁… Ⅲ . ①雨果（Hugo, Victor 1802-1885）- 人物研究　②
雨果（Hugo, Victor 1802-1885）- 文学研究 Ⅳ . ① K835.655.6 ② I565.064

中国版本图书馆 CIP 数据核字 (2018) 第 000554 号

出版发行：沈阳出版发行集团 | 沈阳出版社
　　　　　　（地址：沈阳市沈河区南翰林路 10 号　邮编：110011）
网　　址：http://www.sycbs.com
印　　刷：辽宁星海彩色印刷有限公司
幅面尺寸：156mm×227mm
印　　张：11
字　　数：150 千字
出版时间：2018 年 3 月第 1 版
印刷时间：2020 年 5 月第 2 次印刷
责任编辑：王冬梅
封面设计：仙境设计
版式设计：北　北
责任校对：张　楠
责任监印：杨　旭

书　　号：ISBN 978-7-5441-9016-9
定　　价：35.00 元

联系电话：024-24112447
E - mail：sy24112447 @ 163.com

本书若有印装质量问题，影响阅读，请与出版社联系调换。

前言

让我们随着这套"大人物系列"走近世界文豪，聆听大师们的妙言，感受大师们非凡的生活。

置身于历史的画卷，仰望文字长空的星辉，寻找人类文化历史发展的历程。从古希腊的神话、王国到中世纪的骑士、城堡，从金戈铁马的古战场到五光十色的繁华都市，从奔腾喧嚣的瀑布、河流、海洋到恬静幽美的森林、峡谷、田庄，世界文学之窗一扇一扇向我们打开，久远凝固的历史画面和丰富多彩的生活图景在我们面前展开，让我们去漫游绚丽多彩、浩瀚无边的文学世界，让我们去游历文学世界的每个角落，体会人们的情感、爱恋、幸福以及痛苦、忧伤、希望……

在品读这些经典原著时，我们体会着大师们灵动的语言，共享着人类精神的家园，和大师们零距离接触，感受他们的生命和作品的意义，我们将能获取更多教益。让我们每一个人的文学梦从这里走出，在人生之路的不远处收获盛开的花朵和丰硕的果实。

本册介绍的是19世纪法国伟大的作家雨果的一生经历和创作历程，以及他的主要代表作品《巴黎圣母院》《悲惨世界》。

目录

引言

　　维克多·雨果（1802—1885）是19世纪法国浪漫主义文学的领军人物，是蜚声世界文坛的法国文学泰斗。他在诗歌、戏剧、小说、文艺理论和政论各个方面均有非凡的建树且成果丰硕。

　　雨果不仅是一位伟大的文学家，而且是一位伟大的充满人文激情的捍卫人道主义的社会斗士。他继承并发展了法国大革命以来的资产阶级进步思想传统，具有资产阶级的民主主义思想和人道主义的博爱情怀。他站在共和主义立场，通过写作和参与政治活动，树起了为人道主义斗争的大旗。他坚定勇敢地揭露与反抗黑暗的势力，义无反顾地争取和维护被压迫被损害的劳动大众的利益与尊严。他对人类美好的未来充满信心，他相信光明必然战胜黑暗。

　　雨果的一生是创作的一生，是战斗的一生。作为诗人，他发表了26部诗集，约22万余行；作为小说家，他写了20部小说，其中长篇小说5部，字数达300余万字；作为剧作家，他写了10多个浪漫剧和其他剧本。他还写了3部政论作品、3部游记，若干部见闻录、文学评论，等等。他的作品是世界文学史库中的巨大财富。

　　雨果的创作生涯可分为四个时期。

早期创作：雨果创作初期受到消极浪漫主义的影响，后来逐渐摆脱。这期间，他发表了第一部中篇小说《冰岛凶汉》四卷本；出版了第一本诗集《颂歌集》，该诗集后经汇集又相继出版了《新颂歌集》和《歌吟集》。雨果在1827年完成了思想上的质变——转向了民主主义，并举起了积极浪漫主义的大旗。

第二个创作时期：这是雨果创作最丰富的一个时期，也是浪漫主义文学创作期。《〈克伦威尔〉序言》是雨果进入第二个创作时期的标志，这篇序言表明了他与消极浪漫主义决裂的立场。1830年七月革命前后，雨果的民主主义思想逐渐增长着，这种思想还具有不彻底性。30年代后期，雨果的思想和创作开始发生危机，直到1848年二月革命，危机才结束。这期间，他创作的作品揭露了社会的不公平、控诉了封建专制的罪恶，显示了浪漫主义文学的实绩。他的长篇小说《巴黎圣母院》，刻画了中世纪法国宫廷与教会狼狈为奸压迫人民的丑行，呼唤着人道主义和自由主义思想，体现着浪漫主义作家的现实主义精神。

第三个创作时期：这时期，雨果在思想上既同情人民的苦难，又对七月王朝存在幻想。他在寻找资产阶级民主政体与君主政体相结合的政治制度。这期间，他创作的作品数量较少，但其作品的批判性达到高峰，他的现实主义思想更加明显。

晚期创作：这时期，雨果创作的作品对社会变革起了积极的促进作用，是雨果创作的高峰期。他的政论纪实作品《一桩罪行的始末》《小拿破仑》，揭露了路易·波拿巴政权对法国人民犯下的罪行；长篇小说《悲惨世界》，全面展示了从1815年到1832年这一历史时期法国社会的全貌，深刻地批判了当时社会的政治经济制度、伦理道德观念，鞭挞了反人道的法律制度，揭露了司法机关的黑暗和腐败，阐明了仁慈、博爱才能拯救社会的思想；长篇小说《九三年》描写了法国大革命的一个历史场景，反映了革命力量与反革命力量之间的生死较量，表现"在绝对正确的革命之上，还有一个绝对正确的人道主义"。

雨果是法国文学史上伟大的诗人，他创作的诗歌数量巨大，内容丰富深广，成就斐然。他的抒情诗取得很高的成就，诗中充满对人类未来的热切憧憬，对人民争取自由的崇敬，对爱情、友情、亲情的真切情感。诗中有着瑰丽的色彩，充满了无限的想象力；有着绝妙的诗韵，严格的诗法，营造出优雅、精美、雄伟、朴实的艺术境界。如《做祖父的艺术》表达了诗人浓浓的亲情，和对未来的一种美好的期盼。

雨果经历了法国历史最动荡的时代，经历了从帝国到共和的几经起落。历史的重要事件、法兰西的兴衰荣辱在他的诗中都有体现。如《惩罚集》表达了诗人对暴政的愤怒与憎恶，社会影响力非常大；《历代传奇》写出并阐述了人类社会发展进程中的事件及其意义，作品气势宏伟，内容丰富，是世界文学史上的巨型史诗。

雨果的戏剧在19世纪的法国剧坛占有相当重要的地位，他与高乃依、拉辛和莫里哀并列为法国四大戏剧家。雨果从1827年写第一个剧本《克伦威尔》起，到1882年写《笃尔克玛达》止，创作戏剧10余部。雨果运用丰富的想象、强烈的情绪、无边的气魄、隽永的台词，营造一种强烈而矛盾的戏剧效果。他打破希腊悲剧的三一律，反对古典主义、伪古典主义的戏剧原则，扩大了艺术表现范围。他提出了丑、美结合的对照原则，完成了从古典主义到浪漫主义的过渡，创作了悲喜交加的浪漫剧情节和艺术效果。因为雨果，法国浪漫剧在舞台上占了上风。他的十几部戏剧独占法兰西舞台长达10多年之久。到了20世纪，雨果的戏剧还在法国国家剧院不断上演。

雨果的戏剧以其开拓性的作用与轰动性的效应而著称，他是浪漫主义戏剧的领袖。

雨果的小说以写社会和人生百态为主，融合现实主义与浪漫主义文学手法，创作出一部又一部感情深沉、气势磅礴，震慑人心的文学巨著。他用丰富的情感、敏锐的观察，描绘了社会现实，反映了社会问题。正如他在《悲惨世界》的序言中所说："只要本世纪的三大问题——贫穷使男子潦倒，饥饿使妇女堕落，黑暗使儿童羸弱，还不能全部解决只要这个世界上还有愚昧和穷困，那么这一类书籍就不是虚设和无用的。"

雨果的5部长篇小说《巴黎圣母院》《悲惨世界》《海上劳工》《笑面人》与《九三年》，有300余万字。其中，《悲惨世界》与《巴黎圣母院》作为独立的鸿篇巨制，不论就其篇幅规模还是在全世界广为流传的范围而言，无疑使他成为文学史上资产阶级民主主义的卓越代表，他超越了同时代的浪漫主义作家，与所有那些名垂千古的文学巨匠比肩而立。

在散文、游记、政论方面，雨果一直受到大家的称赞。特别是在流亡期间，他的政论作品达到创作的顶峰。

雨果的一生经历了一个世纪以来各种文学潮流和政治动荡的冲击，他以写实的笔触为我们留下了人类历史和文化进程中的史诗和史料。他的作品崇高而伟大，激励着一代又一代热爱和平和自由的人们；他的作品长存不朽，创造了世界文学史上的一个又一个奇迹。他的那句"世界上最宽阔的是海洋，比海洋更宽阔的是天空，比天空更宽阔的是人的胸怀"成为人们励志和修为的永世名言。

雨果是法国的，同时又是属于全世界的，他的不朽作品是全人类共同的精神财富，他的人道主义与人文精神在今天仍然具有现实意义。他的小说，被拍成影视作品，跨过了世纪，今天还在广泛流传。

罗曼·罗兰对雨果的评价是："在文学界和艺术界的所有伟人中，他是唯一活在法兰西人民心中的伟人。"

托尔斯泰说："维克多·雨果把他的心灵袒露在你面前。"

第一部分　生平与创作

思想家问新生儿：子从何处来？问弥留之际的人：子向何处
去？

　　那新生儿啼哭，那弥留之际的人颤抖。

1. 出生与家庭（1802.2）

　　1802 年 2 月 26 日，维克多·雨果出生在法国东部与瑞士接壤的贝尚松城的一个军官家庭。家中有两个哥哥，大哥阿贝尔，二哥欧仁，他排行第三，取名为维克多·雨果。

　　刚出生的维克多·雨果瘦弱不堪，哭声微弱。他无力地躺在母亲身旁的一张大安乐椅里，小得可怜，只有那高高的前额很抢眼。医生们认定这个孩子很难养活。母亲看着自己的孩子，很是心疼。由于母亲的悉心观察，昼夜照料，他才得以生存下来。

　　小维克多出生后，并未接受洗礼。这是因为他的父亲对天主教会抱着无所谓的态度，他的母亲对神父也没有什么好感。

　　小维克多生在了一个行伍之家。祖父约瑟夫·雨果年轻时参军，在轻骑兵中任司务长，军衔为骑兵少尉。后来他离开军队做了一名木工，在洛林省的南锡城定居。第一位妻子为他生了 7 个女儿，后来去世了。第二位妻子为他生了 5 个儿子。维克多的父亲莱奥波德·西斯吉拜尔·雨果排行第三。这兄弟五人在法国大革命中同时加入共和国军队，其中两人战死，三人升为军官。这是一个拥护共和的革命家庭。

　　维克多的父亲莱奥波德于 1773 年 11 月 15 日生于南锡，15 岁时参军。最初他是拿破仑手下的一名普通军官，参加了 1789 年法国资产阶级大革命后，转战南欧各国。1792 年，19 岁的莱奥波德成为上尉。1793 年，保王党分子煽动旺代地区的农民武装反对大革命建立起来的资产阶级政权，史称"旺代叛乱"。20 岁的莱奥波德因镇压旺代叛乱有功，升为营参谋长。

他是一位坚定的共和主义者。

雨果的母亲索菲·特雷布歇是南特人，自幼父母双亡。她跟祖父、姑母在一起生活。姑母罗班夫人是个保王党分子，她把自己的思想灌输给了自己的侄女。索菲后来成为一个拥护皇帝、反对拿破仑的保皇主义者。

政见不同的父母是怎样走到一起的呢？这样的家庭对雨果有什么特殊的意义呢？

父母的婚姻有些传奇

莱奥波德·雨果相貌英俊，有着一头蓬松的头发，大大的眼睛，他微笑起来很迷人。在作战中，莱奥波德举止敏捷，性格粗犷，作战十分勇猛。在平常日子里，他为人善良性格温和，在军队中人缘很好。

在一次战斗中，莱奥波德率领的军队把叛乱的朱安党人打得四处离散，剩下的妇女、老人和孩子成了革命军的俘虏。在俘虏的队伍中他看到一个只有几个月大的孩子在哭。他将婴儿抱起来，在被俘的人群中找到一个奶妈来照料这个婴儿。这场战斗结束后，莱奥波德将这群俘虏全部释放，还发给他们一些粮食。

还有一次，莱奥波德的部队抓住了两个手执武器的旺代人。这两个人被认定参与叛乱罪。他们是叔侄俩，小的只有 10 岁左右。在执行枪决的时候，莱奥波德救下了这个孩子。他认为孩子身上不存在主义之争和反叛之意。他抚养了这个孩子 7 年，并为这个孩子安排好生活的出路。

莱奥波德仁慈的行为，不仅在部队中留下了美名，他的宽厚仁德的名声在叛军中也广为流传，还因此结了一桩奇特的姻缘。

索菲·特雷布歇是南特人，是当地一位商船船长的女儿。她有着一双褐色的大眼睛，俏丽的面庞。她性格刚强，凡事很有主见。不幸的是，年幼时她的父母双亡，祖父抚养她长大。1784年，10岁的索菲跟随姑母生活。姑母是个保王党分子，她的思想影响着索菲。

索菲的少女时代是在读书中度过的，她特别喜欢读伏尔泰的著作，认为一切应顺应自然，包括人的自由，她不信上帝，认为人是平等的。在她的眼里，蓝军到处讨伐就是实施残酷的暴行，是自然世界秩序的破坏者。

1793年，姑母为避战乱带着家人离开南特，迁回小镇夏多勃里安居住。这里有特雷布歇家的200年来的领地——雷诺第耶庄园。

在夏多勃里安市郊，索菲经常帮助那些反对新宪法的人，营救那些被革命军追捕的旺代分子以及不向宪法宣誓的神父。有时她也会在雷诺第耶庄园里，幻想国家的命运和个人的幸福。

1796年的一个夏天，索菲骑马返回夏多勃里安的时候，遇到了莱奥波德率领的一支小部队。当时这支部队正在执行搜捕叛乱分子的任务。为营救那些被围困的人，索菲勇敢地将这支疲惫不堪的队伍领进了雷诺第耶庄园。她安排这些军人休息，为他们提供饭食。

就这样，索菲与比自己小1岁半的莱奥波德相识了。

索菲喜欢莱奥波德的幽默和风趣，和他在一起感到快乐。在谈论这场战争时，索菲明确表明自己的政治立场，认为革命军反对朱安党人的战争是非正义的。莱奥波德喜欢索菲的聪明和勇敢，和她在一起自己的心跳加快。但在政见上，他不赞同她的观点。他表明自己拥护共和，他的家族和自己为共和国军队效力，是不惜牺牲生命的。因此，他们经常在一起辩论，慢慢地，爱情在这两个持有不同政见的年轻人身上发生了。

不久，莱奥波德随部队回到了巴黎，被任命为军法会议的检察员，并得到了市政厅的一套房子。

在巴黎，莱奥波德对索菲的思念日益加深，他给姑娘写了大量的信，热烈地表达了自己对姑娘的思恋，希望她能来到他身边。

1797 年 11 月 15 日，两人在巴黎结婚了。

从此，两个不同政见的人，开始了在乱世中的分分合合。这让小维克多和哥哥们有了不一样的童年。

小维克多眼中的世界就这样展开了，他的人生初始印象渐渐出现了一种盲目的倾向，这是后话。

动荡时代　父辈们的不同政见

父亲的同事、军法会议的书记员皮埃尔·富歇也是南特人，而且与母亲的特雷布歇家族有些关联。父母与皮埃尔·富歇的关系很自然地友好起来。皮埃尔·富歇结婚时，父亲做他的证婚人。在婚礼上，父亲的祝福词中有一句祈愿的话，后来两家真的成了儿女亲家。

皮埃尔·富歇是保皇主义者，父亲是共和主义，但这并不影响两家的友谊。

小维克多生来比较瘦弱，父母为他请了教父。教父的名字叫维克多·拉荷里。维克多名字就来自于教父。

早在 1793 年，维克多·拉荷里曾得到当时是少尉的父亲的帮助。维克多·拉荷里还是母亲童年时代的朋友。母亲结婚后，他自然也成了父亲的朋友。

1797 年，新婚后的父亲和母亲与已是上校的拉荷里在巴黎爱丽舍大街上相遇，从此开始了密切的往来。1799 年 12 月，升为少将、总参谋长的拉荷里要去巴尔上任，他邀请并推荐时为少校的父亲同去莫罗将军麾下。

当时莫罗是莱茵军团总司令，拉荷里和父亲共同效力于他。父亲因作战勇猛，甚得总司令的赏识，升职为营长。拉荷里被约瑟夫·波拿巴委托为奥法和平谈判的代表，莱奥波德也作为奥法和谈的法方代表之一，并被任命为吕内维尔城防司令。由于拉荷里的关系，索菲也得到了约瑟夫·波拿巴的赏识。

拉荷里本是革命军一员，但在他身上有一种贵族气派。他风度翩翩，雍容典雅，学识渊博，通晓诗文，是一个不折不扣的理想主义者。1800年左右，莫罗将军与拿破仑有了矛盾，拉荷里也因此受到拿破仑专制政府的迫害。他的立场发生了转变，开始反对执政者。

拉荷里在1812年被抓捕枪决时，父亲正远征西班牙，被西班牙国王约瑟夫·拿破仑册封为西班牙伯爵，升职为将军了。两个曾经志同道合的热血军人走向了不同的人生道路。

教父拉荷里对拿破仑的态度影响着小维克多，他的保皇思想也曾一度影响着小维克多。他向小维克多讲了很多有关人类自由的故事，这对维克多来说产生的影响是极大的。而父亲一直在部队中，他与小维克多见面少交流更少，他的共和思想对小维克多的影响很小。

2. 奔波的幼年和童年（1802.8—1813）

1801年，父亲本应由城防司令升职为旅长，未能如愿，他便赌气离开了吕内维尔来到贝尚松任十二团的营长。这时，维克多的降生给父亲增添了许多快乐。

1802年，父亲指责上司旅长的账目不清，反被上级认定父亲教唆部下谋反。此事触动了拿破仑的某根神经，引起了拿破仑的反感。父亲被无故调至马赛。

6个月大的维克多和两个哥哥跟着父母开始了首次的迁徙。

地中海的科西嘉岛和厄尔巴岛

莱奥波德心里愤愤不平。他让妻子去巴黎请求莫罗和约瑟夫·波拿巴帮忙。没想到，此时拿破仑对莫罗有了戒心，拉荷里也被牵连了。索菲只能求助约瑟夫·波拿巴了。约瑟夫·波拿巴极力帮助索菲，结果反而更加大了拿破仑对莱奥波德的惩治。莱奥波德先被遣往位于本国地中海的科西嘉岛。1803 年，其所属部队又被遣往位于意大利的地中海厄尔巴岛。莱奥波德一个人带着 3 个孩子如此辗转，最小的维克多才 1 岁多，他内心的焦虑可想而知。

妻子索菲还在巴黎为丈夫奔走，也在为拉荷里感到不平。拉荷里是索菲的童年好友，孩子的教父，如今，拉荷里被拿破仑认定是莫罗的嫡系，不仅没有让他升任师长一职，反而将其驱逐出军队。索菲本来就是保皇主义者，看到这一切非常气愤，她劝拉荷里将军联合旺代保王党倒戈波拿巴。

1803 年 8 月初，在丈夫的催促下，索菲终于来到丈夫和孩子身边。索菲在这个家生活不到 4 个月，感觉到这里的外在环境对孩子们的健康不利，政治环境也不利于孩子成长。夫妻之间也产生了一些矛盾。诸多的原因，让倔强的索菲带着 3 个孩子离开厄尔巴岛、离开军营奔回巴黎。

回到巴黎

1803 年 11 月，索菲带着 3 个儿子离开厄尔巴岛，回到了巴黎，从此夫妻开始了分分合合的生活。

索菲本想在巴黎的朋友多，生活上会有所依靠，但没想到时局的变化真快，她一回来就看见将军府的门上贴着的告示。告示称：保皇党的匪徒妄想谋杀第一执政，政府号召巴黎人们协助执政府将他们逮捕归案。维克多·克洛德·亚历山大·法诺·拉荷里就在一长串被通缉的人员名单里面。失望的索菲只能靠自己了，她在克里希街 24 号租了一个房子，全家定居下来。

来到这个新的地方，小维克多和哥哥们非常高兴，孩子们不会知道动荡的社会意味着什么，只要有妈妈在，他们心底就有阳光。白天，母亲送他们兄弟三人去上学，放学回来，小哥儿仁就在院子里玩耍。院子里有一口井，还有一棵高高的柳树。两个哥哥玩儿得很高兴，他们喜欢冒险。4岁的小维克多则摇摇晃晃地跟在后面，看着，惊讶着。

父亲所在的部队奉拿破仑的命令开赴意大利征服那不勒斯。约瑟夫·波拿巴被弟弟拿破仑封为那不勒斯国王。因父亲骁勇善战，功绩卓越，约瑟夫·波拿巴任命他为科西嘉王家军团上校和阿维利诺省的总督。

索菲带着孩子在巴黎的生活有些困顿，丈夫寄的钱抚养孩子已经不够用了。为了孩子的生活质量，索菲不顾丈夫的反对，决定带着孩子去丈夫身边。

意大利之旅：阿维利诺省大理石府第

1807 年 10 月，这时的维克多 5 岁，他跟着妈妈和哥哥们又迁徙了，开始了意大利之旅。

索菲与丈夫的隔阂已经很深了，主要是政治观点和性格差异。索菲对丈夫在异地的作战，认为是一场对人类的残酷杀戮，是一种征服性的行为。她极端厌恶战争，希望这场战争快点结束，她时刻都在幻想人们能获得政治上、生活上的自由。

一路上，他们所乘的车子经过了风风雨雨，也遇见了各种状况。哥哥们总是兴高采烈，看所有的事情都觉得新鲜，就是路上的撞车事故也愿意去看热闹。小维克多看到路边树上吊着的尸体、看到绞架和小十字架总是害怕。他问妈妈："妈妈，为什么意大利的树上还吊着人？是谁把他们吊死的？为什么？"妈妈不知怎样回答，小维克多还是孩子，他理解不了战争的正义与非正义，理解不了征服与统治的含义。她只好说："那是土匪，他们抢了别人的钱财。"

这些年幼时的影像，在维克多以后的记忆里难以磨灭。

车子穿过了一场大雨，一片蔚蓝色的水域出现在他们的眼前，孩子们顿时欢呼起来，他们下了车子，尽情地看着这辽阔的大海。小维克多呆呆地看着，一时间竟心醉神迷。

到了阿维利诺，来到爸爸的身边，来到如同仙境的古老的大理石府第。爸爸看到几年未见的儿子们非常高兴，孩子们看到身穿笔挺戎装的父亲很自豪。

孩子们在这里度过了一段无拘无束、自由自在的日子。但是这个地方他们没办法上学，作为占领军的孩子，他们走在外面是很危险的事情，他们只能在居住的庭院里玩耍。这也正符合他们这个年龄的特点，他们上树、捉迷藏、逗玩小动物，玩的花样很多。

在父亲的眼里，孩子是如此可爱。阿贝尔懂礼貌，关爱弟弟们；欧仁活泼热情，做事认真；小维克多长得可爱，不大说话，喜欢安静地玩儿，很受哥哥们的宠爱。父亲最喜欢小维克多，因为他喜欢思考。孩子们让这位驰骋疆场的人，内心无比温柔。

父亲仍旧很忙，平时很少在家。他决定让母亲带着孩子们回巴黎上学。孩子不能不接受正规教育，这对孩子们来说是大事情，关乎他们的未来，况且父亲的军队也要开赴西班牙了。

孩子们恋恋不舍地离开了这个美丽的大理石宫殿官邸。

再回巴黎：私塾里的童年

1809 年 2 月，母亲索菲带着孩子们又回到了巴黎。她租了一套斐扬丁纳女修道院的房子。

这座房子在法国大革命时归为国有，后来政府将房子卖给个人自主使用。索菲一家租用了这座房子的一半。这对小维克多兄弟们来说已经是很大的房子了，有客厅、餐厅，花园也很大。孩子们雀跃着跑进花园，眼睛都看不过来了。中间是一片杂草丛生的阔地，不远处有大片的果树，一条小路延伸到远处的一片树林。小路两旁有各种花，有一架秋千，还有一处葡萄架。这座带有花园的房子给雨果留下了深刻的印象。尽管它在后来的战火中消失了，但在雨果的作品中，这座房子得到了永生。

孩子们上学了，大哥阿贝尔去了中学，二哥欧仁和维克多因年龄小去了私塾。

私塾的老师拉里维埃尔曾是教会的教士，在大革命年代，他离开了教会，结了婚。夫妻办了一所私塾，教孩子们读书以维持生活。

维克多和欧仁在老师的教导下，学习拉丁语和希腊语。他们非常聪明，仅一年，他们就能朗读与翻译文章了。

父母的朋友富歇一家经常来家中和母亲叙旧。这样维克多兄弟又多了两个玩伴：哥哥维克多·富歇和妹妹阿黛尔·富歇。每到礼拜天，孩子们就高兴地聚在一起，在花园中做游戏、荡秋千。他们最擅长给园子中的各种鸟儿、虫子起名字了。各种可爱的小动物名字在孩子们稚嫩的叫声中显得特别生动。

这期间，被执政府追逃的拉荷里来到家中，母亲把他藏在家中后花园深处的小教堂里。维克多从母亲那里知道了这个人就是自己的教父。

教父拉荷里向小维克多灌输了很多自由的思想。小维克在教父的影响下，在母亲和富歇的多次谈吐中，他对第一执政的印象不好了。

拉荷里在维克多家中匿藏了 18 个月，最终还是被抓走了。拉荷里的被抓是由于他对时局的判断有误，轻信了法兰西皇帝大婚要赦免反对第一执政叛乱分子的传言。结果他暴露了行踪。

教父拉荷里被抓走的那一幕，在维克多心里留下一个恐怖的影像。

远行西班牙

父亲的军队已开赴西班牙。约瑟夫·波拿巴已由那不勒斯国王转任为西班牙国王，他任命父亲为保王团团长。父亲后来逐步升为将军，被册封为西班牙伯爵，成为朝廷显贵，还是 3 个省的总督。国王赏给父亲和其他一些高级官员每人 100 万西班牙金币，要求他们在那里置地安居。

1810 年 10 月的一个早上，小维克多的叔叔路易·雨果来到家中。路易在哥哥的帮助下，在驻西班牙的军队中升职为上校。他因公务回巴黎，特意来看嫂子和侄子们，并劝说他们一家去西班牙安居。小维克多的母亲没有同意，可能她与父亲的隔阂没有消除，也可能考虑战乱的缘故吧。

叔叔路易走了不久，父亲给母亲寄来了一笔钱，让母亲在巴黎买一处房子。

索菲感觉到丈夫与自己的关系疏远了。为了让孩子们能够享受父亲已有的优越的生活条件，她向国王约瑟夫·波拿马的信使提出随军的要求。因为拉荷里的关系，约瑟夫·波拿马对索菲的印象很好，这次也不例外。他来信安排她全家去西班牙的行程，并在线路的安全上有了周全的考虑。

为了让孩子们能够在西班牙正常生活，母亲给孩子们购买了西班牙字典和文法书。孩子们用一个半月的时间就能说西班牙语了。

1811 年春，母亲雇了一辆有 6 人座位的两厢马车，车上载满了行李和箱子，一家人又开始奔波了。

巴荣纳，孩童的朦胧之恋

驿车途经了一个又一个城市，来到了国境线上的巴荣纳。这是一个边境城市，他们要在这儿等待 1 个月，等待约瑟夫·波拿马安排的有部队护卫的运输车队。

母亲租到了房子，租期 1 个月。

房东是一个妇人，身边有一个 10 岁的女儿。女孩长得天真、甜美，像个小天使，她经常来照看比她小 1 岁的小维克多。

这一个月来，母亲为了孩子们不至于寂寞，也是为了让孩子们开阔眼界，便带他们去看戏。刚开始孩子们有兴趣，几天下来就厌倦了。

孩子们自有自己的乐趣，哥哥们经常去看外面发生的有趣的事情，比如军队的实弹演习。小维克多却愿意与小姐姐宅在家中。女孩领着小维克多坐在花园的台阶上，给他读书、讲故事。小维克多总是盯着女孩那白皙洁净的脸，看得入神，没有听讲的是什么。女孩用那漂亮的大眼睛看着他："你干吗不听？"小维克多的脸红了，心跳也加剧了。

这样的日子，在小维克多看来，过得很快。分别的日子来到了，小维克多闷闷不乐地与这里的一切告别。他放飞了他养的一只鸟儿，告别了他的小姐姐，告别了他的孩童之恋。

巴荣纳在雨果的记忆深处留下了深深的痕迹。和女孩在一起的日子，维克多感受着亲切、美好和快乐。这种美妙的感觉，藏在了他心底最隐秘的地方。以至 30 多年后，雨果旧地重游，寻找儿时那个朦胧的情感和梦境，结果楼阶依旧在，只是人去楼空。

欧那尼小镇

1811 年 5 月，小维克多一家终于等来了迎接他们的运输车队。

小维克多一家乘坐的是一辆非常气派的豪华马车，由 6 匹马拉的四轮马车。他们的车走在运输车队的前面。小维克多回头望去，一溜儿绿色，望不到车尾，估计有 300 多辆。车上装载的多是军用物资，车队两边有骑兵护卫。一路走来，有寻求保护的商旅，也走在队伍的最后面。

车队走到一个名叫欧那尼的小镇时，大家在此休息。

这是一个不大的镇子，看上去没有什么人，只有一些房子冷冷地伫立在那儿。石质的门楣上刻着古老的徽记，家家的门都上着锁。小维克多凝视着、想着，这里曾经住着的牧人，一定有着优雅的生活。有村庄里袅袅的炊烟、田园上的精细耕种，有人们热情的歌声、牛羊的叫声，还有天天发生的有趣的故事。可是由于战争，这里的一切都呈现出忧郁和无奈，还有一种愤怒的情绪。

欧那尼，这个在军旅中路过的小镇，给小维克多留下了深刻的印象，那份阴冷浸透了他的周身。多年以后，这个无名的小镇，因为雨果的《欧那尼》剧本而名声大振。

这一路上，他们还算顺利，虽然也遇到小股游击队的袭击，但护送的军队足够强大，没有形成危险局面。倒是在一个瓦砾堆上，小维克多不慎跌了一跤。他的头磕破了，当时昏了过去，他的额头上留下了一个疤。但当他看到美丽的挂满紫色彩霞的高山时，仍旧高兴地指给母亲看。

母亲的压力太大了，她全然没有孩子们的热情。她知道，自己是军人的家属，踏上的是异国的国土，到处都有仇恨的目光。前面等待他们的未知太多了。而在小维克多的眼里，有看到路边被击毙死尸的恐惧，有对被战火毁坏房屋的惊愕，也有对阳光下的壮丽山川的神往。这一切混杂在车轮的隆隆声和战马枪支的耸立中，各种感觉时断时续，如同一场梦幻。

马德里贵族学校的经历

车队终于到了马德里。这次父亲没有像上次那样亲自来迎接他们。因为父亲事先不知道他们母子四人的到来。

来人将他们领进了总督府马斯拉诺宫。管家安排他们住下，还领着他们参观这座宫殿。这里有数不过来的房间，每个房间都那么华丽、金碧辉煌。维克多看到这座富丽堂皇的宫殿，有一种说不出的惊讶。

小维克多一家人住进了这座豪华的宫殿，父亲却迟迟没有回来。他知道，父亲正在为拿破仑效力，他们才有机会住进这豪华宫殿的。他为父亲感到自豪。可是，他听见西班牙人在背后称拿破仑为"拿破贼"，他也知道母亲痛恨拿破仑。母亲认为整个欧洲的战火是拿破仑燃起的，拿破仑是一个篡位之徒，小维克多很认可母亲的说法。母亲带着他们颠沛流离，跟父亲不和就是这场战争造成的，也是拿破仑造成的。

一个半月后，父亲回来了。母亲和父亲的关系还是那么紧张，说不了几句话，两人就又开始了争吵。

父亲开始安排他们的生活。他说："阿贝尔已经长大了，可以进宫为约瑟夫当侍卫。欧仁和维克多去马德里中学读书。"

到了星期一，母亲带着欧仁和维克多乘坐马斯拉诺亲王的马车，来到马德里中学。这是当地的一所贵族学校，因为父亲有西班牙伯爵的封号，他们才有资格来此读书。

学校像座兵营，学校里的人对待他们兄弟俩很冷漠。他们被安排住在低年级宿舍。宿舍里有150张床，大约只有10张床有人住，住人的床头上挂着耶稣受难的十字架。维克多看到十字架心里就有恶心的反应，旅途中死人的情形深深地刺激了他。

母亲安排好孩子就走了。第二天就要上课了，维克多和欧仁心中空空的，难受得哭了。

教维克多和欧仁的老师有两位，他们都是修士。一个是身材消瘦的唐·巴杰尔，一个是胖胖的唐·马虞尔。两个孩子最开始在低年级学习，结果老师教的知识他们都会。校方只好让他们升级，就这样，他们一直升到修辞班。这个班里的孩子年龄在 15 岁以上，都是西班牙贵族子女。他们对这两个法国人心有敌视，但对他们的拉丁文水平也很佩服。

1811 年入冬以后，由于战争，马德里发生了饥荒，学校里的粮食越来越少，取暖也跟不上。欧仁的手脚皲裂，维克多的耳朵冻得红肿。1812 年初，西班牙民族情绪高涨，人民反抗异族统治的斗争如火如荼，对于在占领区的法国人，特别是对于孩子们来说处境更难了。

父母的关系仍然紧张。父亲住在总督府里，3 个孩子又不在母亲身边，母亲倍感孤独。

母亲向约瑟夫状告父亲。约瑟夫只好把父亲调回马德里任职，强迫他回到马斯拉诺宫居住，把孩子从贵族学校接回，还要给妻子 3000 法郎生活费用。

这样的日子没过多久，父亲得知母亲藏匿拉荷里的事情，夫妻从此反目。父亲离开了家，提出离婚。

又回巴黎

母亲只好带着维克多和欧仁回国，阿贝尔留在了国王侍卫队。约瑟夫国王协调将军作为王室主管的年薪 1.2 万法郎，寄给将军夫人养家用。同时，对将军严令不允许离婚。因为作为一名将军要有好的口碑，不能影响军人的形象。

在西班牙的这段日子里，在别人的国土上，维克多作为占领军方的孩子，总有一种不踏实的感觉。在回归的路上，他开始了思考，思考战争的事情。

回到了巴黎，回到了斐扬丁纳。维克多和欧仁继续跟着老师拉里维埃尔学习拉丁文，学习哲学和数学。课外时间，他们经常到书铺去租书，莫里哀、卢梭、伏尔泰等人的作品是他们的最爱。无论是戏剧、小说、诗歌，还是游记、历险记，他们都有极大的兴趣。哲学、法律、历史方面的书也不放过，一看就是几个小时。

母亲从马德里回来后，除了看书，就指挥孩子们侍弄园子。她变得越来越坚强了。这时，拉荷里被关押两年多了，狱中的他参与了反对拿破仑的谋反活动，结果在1812年10月29日被政府重判，直接执行死刑。母亲勇敢地走出来，将她的老友、同乡送到公墓。

父亲在西班牙的战事不顺利。1813年6月21日，威灵顿公爵率领英国、葡萄牙和西班牙组成的联军7.2万人和60门大炮与约瑟夫·波拿巴国王、法国指挥官儒尔当元帅率领的法国军队6.6万人和152门大炮在维多利西进行了一场战斗。在英西联军的攻势下，法军溃败。这场战役彻底粉碎了拿破仑在半岛的势力，约瑟夫·波拿巴的军队退回法国。父亲带着情人托马斯和儿子阿贝尔也回到了法国。

拿破仑没有承认约瑟夫国王赐给父亲的将军官阶，父亲仍旧是上校官阶，被任命为提翁维尔城防司令。

1813年12月31日，母亲又决定搬家了。这次她把家迁到了寻南路2号，军阀会议大楼的对面，与老朋友皮埃尔·富歇为邻。原因是斐扬丁纳的花园被政府征用了。

3. 少年时代（1814—1820）

拿破仑退位　路易十八回来了

1814 年 3 月 29 日晨，维克多兄弟被一阵隆隆的炮声震醒。母亲告诉孩子们，俄国人和普鲁士人在向巴黎进攻。

早在 1812 年 5 月，拿破仑率领 57 万大军远征俄罗斯，相继获得了斯摩棱斯克战役、瓦卢蒂诺战役、维捷斯克战役的胜利。1812 年 9 月 7 日，拿破仑率领法军又获得了极为艰难的博罗季诺战役的胜利。9 月 16 日，拿破仑进入莫斯科，未料到迎接他的却是莫斯科全城的大火。城中的粮食、房子等果腹御寒之物化为灰烬。转眼进入冬季，俄罗斯的寒冬，成为拿破仑征战的最大难题。由于法军物资补给不足，俄军迎来重大转机。在几个星期的军事对抗中，法军大败，最后回到法国的只有不到 3 万人。

1813 年，英国、俄国、普鲁士、瑞典组成了第六次反法同盟，双方在莱茵地区发生多次激战。拿破仑重整旗鼓，勇敢应战，相继获得了吕岑之战、包岑战役等胜利。但是整个战局对拿破仑的压力越来越大。短暂停战后，随着奥地利倒向反法同盟，联军的力量超过了拿破仑法军。8 月，拿破仑在萨克森王国的首都德累斯顿获得了德累斯顿战役胜利后，由于缺少骑兵，未能扩大战果。在莱比锡战役中，法军集中了 15.5 万人，而联军的兵力是法军的 2 倍。萨克森军队临阵倒戈，加上法军的炮弹也已耗尽，拿破仑被迫撤退。在败退途中，法军遭到联军的重大打击，只剩 5.6 万人的残兵败将。联军向法国开进了。

炮声隆隆中，维克多的心情很紧张，没想到墙上贴着的画着的那些戴着毛茸茸的皮帽子、瞪着大眼睛的哥萨克人就要打进来了。

1814 年 3 月 31 日，巴黎被占领。外国军队开进了巴黎，街头上挤满了士兵，到处都是普鲁士人和哥萨克士兵。维克多的家里也住进了军人。维克多再看哥萨克人，不觉得那么可怕了，他们的举止很斯文。

同盟军要求法国无条件投降，同时要求拿破仑必须退位。拿破仑希望让他的儿子罗马王以拿破仑二世的名义继承皇位，但是遭到了反法同盟的拒绝。4 月 11 日，拿破仑宣布无条件投降，并于 4 月 13 日在巴黎枫丹白露宫签署退位诏书，法兰西第一帝国灭亡了。拿破仑本人在退位后被流放到地中海上的一个小岛——厄尔巴岛。

路易十八回到了巴黎，波旁王朝重掌政权。维克多一家非常高兴，特别是母亲。战争结束了，他们全家不再颠沛流离了，法国人终于不再流血牺牲了。

巴黎圣母院大教堂举行盛大的国王返国登基典礼，维克多和哥哥们兴高采烈地去围观。国王的车队过来了，胖胖的路易十八端坐在镶着金线的马车上，身边是穿着白色礼服的昂古莱姆大公之女。王室眷属们也全副仪仗和装扮前往大教堂感恩祈祷。波旁王朝复辟了，维克多看着妈妈和周围人的神情，他真的以为法国不再打仗了。

父亲还在提翁维尔当城防司令，他不给家中寄钱了。母亲带着阿贝尔去要生活费，却发现他与情人一起同居。父母之间的事情闹到了法院，母亲索要 3000 法郎的生活费，父亲再次提出离婚。后来在他们的老朋友富歇先生的协调下，父母没有离婚，但双方已经形同陌路。

寄宿学校里的小诗人

1814 年 9 月，父亲回到家中，把长子阿贝尔送到学院读书，把欧仁和维克多送到寄宿学校读书。他让妹妹马丁·肖皮安夫人照管欧仁和维克多的生活，由肖皮安夫人按月给孩子们零用钱，不让孩子们与母亲见面。安排好这一切，父亲回要塞了。

学校坐落在圣玛格丽街，是一幢平房。旁边是一所监狱，还有许多的铁匠铺。空气中烟尘弥漫，还有那一阵阵的打铁声，维克多和欧仁心中很是烦恼。他们过惯了无拘无束的生活，现在到这种寄宿学校，过这种死板的生活，他们心里很不愿意。

校长科迪埃是一位学识渊博的教师，他崇拜卢梭。在课堂上他对学生要求很严，经常用金属的鼻烟壶敲打不用功的学生。校长的助手叫戴科特，他教数学和拉丁文。他对学生更加严厉，认为自己的一切都是对的，对学生们自由的思想和精神一律予以扼杀。

维克多慢慢地适应了这样的学习环境，结识了一些新朋友。有一次，维克多和欧仁提议在学校里搞演出活动，得到同学们的赞成。维克多和欧仁编剧本，带领同学们制作道具。头盔、战刀、勋章等是用硬纸板、金银色锡纸等材料粘贴成的，胡子是用烧黑的木棍描画的，舞台就用书桌拼在一起搭成的。同学们轮流出演剧本中的各色人物，没有角色的就坐在长条凳子上当观众。

维克多和欧仁因组织创办了学校的业余演出活动，在同学中的威信大增，成了"大王"级的人物。大家纷纷拥戴他俩，并因拥戴头领的不同分成两组："犬"组，维克多是"大王"；"牛"组，欧仁是"大王"。两位"大王"经常开会，研究保护"臣民"、训练"副官"的办法，以维护自己的指挥权威。

1815年2月26日，拿破仑逃出小岛。3月20日，拿破仑回到巴黎时，他已经拥有了14万人的正规军和20万人的志愿军。面对拿破仑的大军，路易十八仓皇出逃。3月22日，拿破仑重新登上了皇帝的宝座，"百日王朝"

开始了。

维克多的母亲、教父拉荷里、父母的好友富歇等身边的至亲大多是拥护旧政体的，只有父亲在为共和效力。可是，拿破仑并不认可父亲的功劳，也不赏识父亲的能力。维克多恨拿破仑，认定拿破仑是暴君，认为拿破仑的卷土重来又把法国和平的局面打破了。这时的维克多把波旁王朝当成国家和平的保护者。

维克多把自己的这些观念灌输给年轻的教师费利克斯·比斯卡拉。比斯卡拉比维克多大6岁，是刚聘来的教师。因为维克多有诸多的政见和独立的思想，他们很快就成为好朋友。

1815年6月的一个早晨，比斯卡拉带领维克多和欧仁悄悄地离开了学校，来到了巴黎大学的顶楼。极目远眺，巴黎市郊美丽的景色尽收眼底。突然，一阵炮声传来，远处两支军队正在厮杀。辽阔的大地上，士兵们的身影那么渺小，像草一样移动，又像草一样倒下。阳光下的这一幕，刺痛了维克多的眼睛，他仿佛看到了草地上的一片片鲜血。

维克多愤怒了，他痛苦地思考，人们为什么要为拿破仑和路易国王的争斗去死呢？维克多产生一种写诗的欲望，这种念头很强烈，让自己激动不已。

维克多成了一个小诗人。白天的课程很多，写诗只能在夜间。夜阑人静，维克多回想着白天发生的事情，思索着他经历的那些可怕的场景。想好后，就偷偷地记下。他写的诗题材很广，有叙事诗《最后一位弹唱诗人》，有哀诗《加拿大的女儿》，有寓言诗《贪婪与嫉妒》，还有题诗和短诗。这些诗写在一个本子上，珍藏在他书桌的抽屉里。抽屉平时总是锁着。

维克多的诗是按照法国诗人、古典主义文学理论家布瓦洛在《诗学》中提出的作诗法写成的。当时的法国很盛行写诗，只是在学校里，两位老师禁止学生写诗。至于为什么，维克多一时也想不明白。

维克多经历了法国当时发生的一系列影响历史的重大事件：1812年9月，拿破仑入侵俄国的60万大军被俄国杰出的统帅库图佐夫率领的军队打败；1814年3—4月，俄军进入巴黎，拿破仑被迫退位，被流放到地中海上的厄尔巴岛，法国波旁王朝复辟，路易十八做了国王；1815年3月，拿破仑从厄尔巴岛逃出，回到巴黎，做了"百日皇帝"；1815年6月，拿破仑的军队在比利时滑铁卢战役中被英、普联军打败，法军全军覆没。1815年7月15日，拿破仑正式投降，法兰西第一帝国覆灭，路易十八再度复辟，拿破仑又被流放圣赫勒拿岛。

维克多接受着两种敌对的政治观点。父亲信仰共和主义，是坚定的共和主义战士；母亲信仰保皇主义，是波旁王朝的拥护者。父母曾因意见不合而分居。维克多在母亲身边，耳濡目染，颇受保王党思想的影响，形成了保守的政治观点。这时的维克多，其思想同情人民、反对暴政。

母亲喜欢读伏尔泰的作品，她鼓励孩子自由阅读，她对孩子的教育采取放任个性自由发展的方式。维克多的写作潜能得以发掘，得益于母亲的教育方法。

维克多开始写政治诗。他常常写新近发生的事件，表达自己的观点。他的不畏强权的英雄气势开始显露。"滑铁卢战役"之后不久，维克多就写出了这样一首诗，在诗中，他这样指责拿破仑：

你狂妄的野心想控制一切，

为了巩固它，你反而失掉了帝权。

但是，用法国人的鲜血洗涤你的不幸，

可痛啊，你的失败也叫我们流泪！

啊，滑铁卢，值得纪念的战役，

这真是让我既快乐又悲伤的一天。

……随着你的灭亡，

实现了人们对自由的向往!

这时的维克多还在天真地相信波旁王朝会给法国带来和平的日子,还在坚信自由的日子快来了。

一天晚上,维克多发现自己的抽屉被撬,诗本不见了。他想,是谁干的呢?

很快,维克多被叫到了校长的面前。科迪埃和戴科特面色严厉,桌子上放着他的那个本子。

戴科特首先发话:"禁止你们写诗,这已讲过多次,你为什么不听?"

维克多迎面问道:"戴科特先生,谁让您撬人家的锁?"

"你是否希望把你开除?"

"把本子还我!"

一时间戴科特和科迪埃面面相觑,是呀,私自撬别人的锁,等同于偷盗行为,这事情闹大了也不好收场。

科迪埃冷冷地说:"你把本子拿去吧。"然后开始训斥这个诗人,为自己的尴尬解围。

维克多拿回了自己的诗本子,也得到了自由写作权,他不再怕了,也不用偷偷摸摸地写诗了。

颂诗获奖 开始写小说

维克多在少年时就显露出了文学才华,13岁开始写诗。如今,在寄宿学校里,写诗成了他最大的快乐,他经常把自己写的诗读给他的老师兼朋友费利克斯·比斯卡拉听。

1817年,法国最高学术研究机构法兰西学院发起了题为"读书乃人生乐事"的诗歌竞赛。维克多得知这一消息,决定参加比赛,要和那些真正的诗人比一比。为此，15 岁的他写了一首长篇颂歌。这首诗严格按照作诗法写的，诗文充满着古典诗句的韵味，他引用历史上的故事来证明，不论生活多么艰辛，只有读书才能使人的精神高尚这个鲜明观点。

诗作完成了，怎样将作品交到法兰西学院，这还真是个问题。维克多求助他的教师、大朋友费利克斯·比斯卡拉。

比斯卡拉按学校的惯例带领学生们外出散步。他把学生们带到法兰西学院大楼前，自己则带领维克多跑到学院办公室，见到了白发苍苍的一位老者，这位老者就是接受稿件的秘书。维克多满脸通红，双手颤抖地呈上了自己的诗稿，并按要求报上了自己的年龄。离开时，在学院的院子里恰巧看到了哥哥阿贝尔。匆忙间，他向哥哥简单地说明来此地送稿件的事情。

时间一天天地过去，维克多的心情万分焦急。比斯卡拉安慰他，自己心里也是着急，他们师生二人经常望着对方，相对无言。

一天，哥哥阿贝尔来了，他带来了好消息。阿贝尔说："你如果不说自己 15 岁，你就可能获奖章了，而现在你只能拿一张奖状。"

维克多获得了法兰西学院征文奖，国王路易十八发给他每年 1000 法郎的助学金。

一个 15 岁诗人作品能获得法兰西学院的奖状，在当时是了不起的大事。这个消息上了报纸，全城都轰动了。母亲和哥哥们倍感自豪，比斯卡拉心中激动，戴科特和科迪埃也因为学生为校争了光而满心欢喜起来。

维克多和欧仁在路易·勒·格朗中学学习哲学、物理和数学。晚上他们仍住在寄宿学校。维克多的物理课连续 6 次获得了奖学金。

1817 年的暑期到了，维克多和欧仁常常到大哥阿贝尔处。阿贝尔 20 岁了，开始经商，父亲给他租了一个房子。但他一直在写作，他的身边也聚集了一些文学爱好者。每个月的 1 号，这些人在艾顿饭店聚会，轮流读自己的作品。

维克多和欧仁也经常参加他们的聚会。一次，席间有人建议大家写散文，然后收到一本书中去。约定时间时，维克多说他的小说两个星期完成。大家不信，于是他和大家打赌。

期限到了。15 日，大家又来到艾顿饭店。维克多开始读他的小说《布格·雅加尔》。大家听得入神，完全被小说中的故事所打动，人物性格、景色描写给在座人留下了深刻的印象。小说反映的是当时的圣多明各起义的事件。文章流露出了他同情被压迫者，他把起义者雅加尔塑造成一位为正义斗争的战士。

维克多打赌赢了，他的写作思想深刻了。

父母离异　创办《文学保守者》周刊

1818 年 8 月，法院判决父母离婚。母亲获得两个孩子的监护权，并且每年从父亲那里获 3000 法郎生活费。维克多和欧仁还在学校读书，他们向父亲要求攻读法律，父亲给他们每人每年 800 法郎的资助。但是母亲不同意他们学法律，她要他们成为伟大的作家。两个孩子的学费交了，但没有念成。维克多和欧仁从寄宿学校搬回母亲的住处。父亲同他的情人结婚了，住在布卢瓦，距离巴黎不太远，但父子的关系已经有了距离。

这一年，欧仁写了一篇颂诗，获得了图卢兹学院"金质金笺花"奖，这是图卢兹学院每年一次的"百花诗赛"。

母亲决定让两个儿子从事文学创作。雨果兄弟很高兴，他们可以从事心爱的文学创作了。但是要维持生活，这也是问题了。母亲为了减少支出，搬出了寻南路，迁居到小奥古斯丁街的一套简陋的房子里。

1819 年 12 月，阿贝尔认识了一些文学界和印刷界的朋友，他决定创办《文学保守者》双周刊。该刊作为夏多勃里昂主办的政治刊物《保守者》的附刊。办刊人员中，除了他们兄弟三人外，还有诗人维尼（1797—1863）等。维克多成为主要的撰稿人，这一年维克多17岁。

在这里，维克多写了大量的颂诗、讽刺作品、论文和评论，表现出明显的保守主义倾向。夏多勃里昂称他为"卓绝的神童"。

夏多勃里昂（1768—1848）是当时红极一时的桂冠诗人，在复辟时期是一个有影响的作家。他站在保皇党和天主教会的立场上，攻击法国大革命后建立起来的资产阶级制度。他出身于世袭的贵族之家，拥护君主制和天主教，是一位消极浪漫主义者。他善于写景，他的散文文字优美，富有诗意。特别是《基督教真谛》一书，独特的音乐美和色彩美，展示了诗意的天主教义，让维克多心醉神迷。少年维克多曾一心要"成为夏多勃里昂，否则别无他志"。

1819年9月，夏多勃里昂在《保守者》杂志上发表了一篇有关旺代的文章，维克多也写了一首颂诗《旺代的命运》，并印制出版。结果，维克多的这首诗在巴黎流传开来，维克多的名气更大了。

小诗人雨果

这时期的维克多喜欢塔西佗、维吉尔、莫里哀和伏尔泰的作品，还喜欢瓦特·司各特、日尔曼妮·史达尔夫人的作品，更喜欢英国拜伦的作品。

拜伦是欧洲最早的革命浪漫主义作家之一，他与夏多勃里昂消极浪漫主义不同的是，他笔下的主人公虽然也有夏多勃里昂笔下主人公那样的痛苦、失望、孤独，但不是留恋过去逃避斗争，而是同斗争、反抗的人们心连心，同保卫祖国抵抗外来侵略的西班牙人心连心，同所有被奴役的人们心连心。

《文学保守者》杂志从 1819 年 12 月开办到 1821 年 3 月停刊，其间，阿贝尔写了几篇文章，欧仁贡献了几首诗，维克多在这近 16 个月中以 11 个笔名发表了 112 篇文章和 22 首诗。

可见，维克多在这期间，他的文学观点还未形成。他既想继承传统的旧的文学观，又想有一片自由的写作空间；他崇拜夏多勃里昂，更愿意追随拜伦。年轻的他正在汲取名人作品中优良的辞藻并试图分辨作品中的观点，正在阅读着革命者的浪漫主义诗作并燃烧着自己的青春岁月。

文坛上初露锋芒

维克多在法兰西学院诗歌竞赛中获得成功后，在 1819 年，他第二次参加竞赛时，没有收获奖项。他把目光转向了图卢兹学院的"百花诗赛"。

这一年，图卢兹学院的百花诗赛竞赛以"亨利四世铜像修复颂"为题目作诗。因时间紧迫，维克多向图卢兹学院寄出了以前的诗稿《凡尔登的童贞女》，准备接着写《亨利四世铜像修复颂》。这时母亲突然得了肺炎，维克多和欧仁日夜服侍母亲。等母亲的病情见好了，维克多才想起投稿之事。母亲催促他赶紧写，他竟在一夜间完成了这首颂诗。母亲对其中这段很满意：

整个民族奉献出这尊铜像。

为纪念你，啊，骑士，

争夺巴雅尔和杜盖斯林荣誉的骁将。

请从国人的敬爱中，接受这高尚的物证，

寡妇献上薄资，孤儿省下分文，

才有你，亨利，塑像的诞生。

几天后，维克多接到图卢兹学院的信，没想到他的两首诗都获奖了。《凡尔登的童贞女》获得"金质鸡冠花"奖章，《亨利四世铜像修复术颂》获得"金质百合花"奖章。"金质百合花"奖是本次征文的头等奖。欧仁的作品也得到了表扬奖，他俩的作品都发表在这一年的作品集里。

初恋

维克多一家搬到小奥古斯丁街后，母亲还经常到老朋友皮埃尔·富歇家去串门。皮埃尔·富歇现在还在军事委员会大楼里任职。好在两家不算远，维克多和欧仁经常陪着母亲一同步行前往。

富歇的家陈设简单，但很温馨。壁炉里的火燃着，大家围着桌子坐在一起。富歇先生在看报纸，富歇夫人和孩子在做针线活儿，母亲索菲在那个常坐的椅子上织毛衣。只有孩子们在悄悄地交谈着什么，大部分时间是安静的，时光在这一刻现出美好。多年后，这种景象在维克多的脑海中形成了永久的静止画面。

维克多手持一本书，眼睛却看向阿黛尔。

阿黛尔是皮埃尔·富歇夫妇的第二个孩子。这一年她16岁，比维克多小1岁。小时候她与哥哥经常和雨果三兄弟在一起玩耍，现在她已经长大了，出落成漂亮的小美女。此时，她也不时地抬起眼睛盯看维克多。

回到家，维克多开始给阿黛尔写信。这样的晚上已经有一段时间了，他要把每天发生的事情及自己的感受和思考都告诉她。阿黛尔有时回信，但很拘谨，她怕父母知道她的心思。

1819年4月26日，维克多和阿黛尔相约在卢森堡公园，两人互相宣告心中的秘密。结果两个人的秘密就是深爱对方。他们偷偷地相爱了，这是他们的初恋。在那甜蜜美好的日子里，两人私订终身。

母亲觉察到维克多和阿黛尔在壁炉旁的眼神交谈，发现了他们之间的秘密。母亲多年来的独立生活，让她的性格更加刚毅，她越来越男性化了。她认为自己的儿子将来一定能出人头地，不愿儿子娶富歇的女儿。她果断终止了与富歇一家子的任何来往，这大大地伤害了富歇夫妇的自尊心。

1820 年 4 月 26 日，在两个年轻人秘密订婚的周年纪念日这一天，他们被拆散了。

4. 葬礼与婚礼（1821—1822）

母亲去世

母亲自从上次得肺炎之后，身体一直很弱，呼吸不畅。她认为多看看花草树木，就会好些。1821 年 1 月，母亲又找到一个新的住处——美季埃路 10 号。这个房子虽不大，但有个花园。当时搬家的心情太迫切、太匆忙，房子还没有粉刷，他们就搬了进去。

收拾花园是他们搬进去要做的事情。要强的母亲带领孩子们辛勤地劳作。母亲的身体有些吃不消了，她太累了，喝了一杯冷水，第二天就病倒了，肺炎复发了。

母亲一夜都在昏睡着，维克多和欧仁守在母亲的身边。第二天下午，母亲的身体渐渐冷了，维克多吻着母亲冰冷的额头轻声呼唤，母亲没有回应。母亲去世了，这一天是 1821 年 6 月 27 日的下午。

兄弟三人在几个朋友的帮助下安葬了母亲。

维克多面对空荡荡的屋子，他感到了孤苦伶仃，失去了生活的希望。父亲住在布卢瓦，很少见面。欧仁已现出了心情抑郁的病症，阿贝尔还要在外经商。维克多心情烦闷漫无目的地在大街上走着，不知不觉地来到了富歇家的楼下，维克多望着楼上的灯光，泪水又流下来了。

第二天，维克多又来到了富歇家的住处。在花园里他与阿黛尔相见，他把家中发生的事情告诉她，两人不禁相对而泣，继而抱头痛哭。维克多感觉自己一无所有，除了阿黛尔的爱。

夏季来临，富歇一家去巴黎市郊避暑。他们 7 月 15 日乘驿车出发。16 日，维克多步行紧追他们而去。此时，他太渴望和心爱的姑娘在一起了。善良的富歇先生是不忍心拒绝自己老友的儿子的。索菲的离世已经很大程度地消除了两家的隔阂，富歇先生已经原谅了维克多的母亲索菲，况且他一直很看好维克多。富歇先生同意维克多和阿黛尔订婚，但暂时不对外宣布。因为富歇希望维克多从丧母的悲伤中走出，靠个人的能力赚取生活的保障，到时候再举行婚礼。

这时的维克多没有固定的收入，《文学保守者》也已停刊，又得不到父亲的帮助。维克多离开了美季埃路 10 号的寓所，搬到了龙街 30 号的一间阁楼上。他开始了创作，他要通过写作来改变目前的生活窘迫。

在这贫困的岁月里，维克多衣着随意，不修边幅。夏多勃里昂介绍他去大使馆工作，他不去。街上人们总能看到维克多沉思漫步的身影。他不介意别人怎样看自己，他要实现自己的文学梦想，不辜负母亲对他的期望，坚信总有一天会干出一番大的事业。

维克多把自己的打算和计划都告诉阿黛尔，有爱情的力量支撑，他要勇往直前。

1822 年 6 月，20 岁的维克多在哥哥的帮助下出版了第一本诗集《颂歌集》。维克多看着封面上自己的名字，心情很激动。书陈列在书店的橱窗里，他总是去书店，关注自己的书。

8 月底的一天，维克多来到了富歇的家中，他带来了好消息。原来，他的《颂歌集》被送到杜伊勒里官，诗歌因拥护王室、歌颂保皇主义与天主教，贬斥拿破仑，因而受到路易十八的青睐，获得国王路易十八的赏金。从此，他将每年得到1000法郎的俸金。富歇先生看着他赞许地笑了。

结婚

《颂歌集》销售得很好，根据销售数量，维克多得到了750法郎的稿酬。维克多有了收入，他觉得和阿黛尔的婚事可以办了。他写信给父亲请求准予他的婚事。

维克多的父亲很高兴地向富歇先生提婚。富歇先生也很愉快地接受了雨果将军的求婚，并答应给女儿2000法郎的家具、服饰和现金的陪嫁，允诺他们小夫妻住在家里，直到独立建立自己的家庭。

当初在富歇先生婚礼上雨果上校的那句话，今天竟然成真。

1822年10月12日，维克多与阿黛尔的婚礼在圣苏尔庇斯教堂举行。维克多的老师兼朋友比斯卡拉从南特赶来参加婚礼。遗憾的是，雨果将军尽管赞成儿子的婚姻却没能出席儿子的婚礼。

富歇先生在军法委员会大楼的大厅举办了婚宴。维克多的两个哥哥出席了婚宴。阿贝尔跟平时一样笑呵呵有说有笑，欧仁却很反常。欧仁的眼神怪怪的，前言不搭后语地说着话。见此，阿贝尔和比斯卡拉把欧仁拉走了。这个性情抑郁的青年内心一直暗恋着阿黛尔，久而久之，他觉得自己是受迫害的牺牲品，狂躁的情形经常出现。在弟弟的婚礼上，他的精神崩溃了。

欧仁病了，他患上了癫痫。大家轮流看护了他一个月，也不见好。父亲把欧仁带到布卢瓦，仍不见好，只好回到巴黎，把他送进了由政府负担费用的疯人院。

5. 早期创作（1822—1827）

对时局的认识

19 世纪 20 年代是欧洲反动势力猖獗的年代，也是欧洲民主运动和民族解放运动高涨的时期。1820 年，西班牙爆发了人民起义，革命军占领了首都马德里，但被法国派去的 10 万大军镇压下去了。在西班牙革命的影响下，意大利发生秘密社团烧炭党人的起义，但被奥地利派去的 6 万反动军队镇压了。当沙皇俄国在欧洲充当国际宪兵镇压欧洲革命时，1825 年在俄国的彼得堡和南部地区爆发了十二月党人起义，被沙皇尼古拉一世残酷地镇压下去了。俄、奥、普三国君主结成神圣同盟，镇压各国革命，欧洲经历了历史上最黑暗、最反动的时期。

在法国，1821 年 5 月 5 日，拿破仑在岛上去世。作为战败国的法国，根据维也纳会议决定，赔款 7 亿法郎；复辟后的波旁王朝，恢复了贵族和教会的特权，人民仍然处于被压迫之中。

有压迫就有抗争，希腊人民掀起了反抗土耳其异族统治的斗争。从 1821 年开始，直到 1829 年终于获得独立。

时局每天都在变化，雨果的思想在这社会的动荡中、在身边不断发生的事件中也在变化着。

1821 年，法国诗人贝朗瑞出版了《新歌集》。他的《一面旧旗》成了当时革命者的战斗号召。在旧的三色旗下出现了秘密团体，成员中有青年学生，也有白发苍苍的老战士。1821 年 12 月 8 日，政府当局竟对他进行了审讯，被法院判处 3 个月监禁，并罚款 500 法郎。

1821 年 12 月，法国西部地区酝酿着一场反对帝制的起义。1822 年 1 月，雨果得悉他幼年的朋友爱德华·德龙参与了这场反对国王的活动。由于起义的计划泄露而被政府判处死刑。当时德龙逃跑在外，政府追拿要犯，情势危急。雨果写信给德龙的母亲，建议德龙到自己的卧室里来躲藏。这时的德龙已逃离法国参加了希腊起义军。

1822 年年初，巴黎流传着许多关于意大利秘密团体的消息，这些团体自称"烧炭党"。法国也开始出现一些秘密团体。

雨果的保王思想在这时开始发生了变化，父子之间的分歧开始逐渐消除。雨果对帝王时代的看法已经有所改变，他开始思考父亲这代军人的思想和志向。年轻的雨果在《献给父亲》的颂诗中，首次歌颂了拿破仑手下的战士、军人，他还建议父亲写回忆录。

这期间雨果还写了大量异国情调的诗歌。这些作品的思想性与艺术性都不成熟，还具有明显的保守主义倾向。但作品中蕴含的人道主义思想表明雨果已经和自己的前辈夏多勃里昂有了分歧。

苦乐参半的日子

1823 年 7 月 16 日，雨果夫妇的第一个孩子出生了，这是一个男孩。雨果为他取名为列奥波德。

雨果的写作热情更高了，他要养家，他还要买房子。

这个时期他写过诗歌、剧本和小说。

1821 年，雨果写的情节怪诞的中篇小说《冰岛凶汉》四卷本，在 1823 出版。在宣传语中指明该书作者是在诗歌中取得辉煌成就的青年作家，《冰岛凶汉》是他的第一部小说。

这部小说引起的反响可以说是太大了。有人写信给雨果，有人在报纸上表达对这部作品的惊讶和愤怒。著名的作家、记者诺地埃在《日报》上发表评论文章，谈到了写"神话小说"的英国作家麦修兰对文学家和读者的影响，批评他的写作风格和内容的恐怖。同时直指雨果，"新一代的诗人中出现了与上述英国小说家相竞争的对手，他不厌其烦地挖掘人类历史上在道德方面的丑行，一切令人发指的奇闻……这样的一位大天才怎么追求这类效果？"尽管如此，他对作者的卓越才华、丰富的语言、渊博的知识很是赞叹。他看到了文中所列的翔实史料，对雨果整理史料的能力很是佩服。

雨果对诺地埃的批评很感激，能和这位学问渊博的知名人士交流简直是奢望。雨果登门拜访诺地埃，不巧诺地埃外出。第二天，诺地埃全家到雨果家中回访。小说家和批评家一见如故，诺地埃比雨果大22岁，他谦虚随和，才思敏捷，出语高雅，历史、哲学、建筑、时政无所不知。他博得了雨果的敬佩，两人成了忘年交。

1923年10月，出生2个多月的小列奥波德夭折了。

面对母亲的亡故、哥哥欧仁的患病、孩子的离去这一连串的打击，雨果无比痛苦，但他挺住了。阿黛尔却郁郁寡欢。

塞纳克尔诗社与《法兰西诗神》

1824年1月，诺地埃担任了阿辛纳图书馆的保管，有了一套宽敞的住房。从此，每个周一，文学界的朋友就来这里聚会，他们自称"塞纳克尔诗社"。雨果也加入了这个诗社，成了会员。这里有他的老朋友维尼，他还认识了更多的新朋友，如法国军官塞维林·泰洛、剧坛精英苏迈，还有基罗、阿尔道夫等。

早在1821年12月28日，雨果在给他朋友的信中谈到他对于诗歌的见解。雨果说："诗存在于思想中，思想来自心灵。诗句无非是美丽的身体上的漂亮外衣。诗可以用散文表达，不过在诗句的庄严曼妙的外表之下，诗更显得完美。心灵中的诗启发人的高尚情感、高尚行动以及高尚的著作。"1822年1月4日，他在给朋友的信中进一步说明，"因为诗，这就是爱。"雨果认识到诗歌的性质和作用，他开始了积极从事诗歌创作活动。

雨果的《颂诗集》得到扩充，形成了《新颂歌集》，于1824年3月出版。报刊对这本书大加赞许，国王再次赐给雨果每年2000法郎的俸金。现在的雨果可以租房子了，不再和岳父一家住在一起了。

在塞纳克尔诗社里，大家采取沙龙式的辩论形式，探索艺术的新途径。由于小组成员对待生活和文学的观点各不相同，大多数人立志革新诗歌，反对旧文风，但无意介入浪漫主义和古典主义的论争。

诗社计划创办《法兰西诗神》杂志，由于雨果的诗文影响力以及他有过办刊的经历，他自然成为创办杂志的主要人物。

一天，雨果带着阿黛尔一起来到诗社，诺地埃正向大家传达英国著名的积极浪漫主义诗人拜伦病逝的消息。1824年4月19日，拜伦在希腊一个小城米索朗基病逝。这位伟大的英国诗人、为理想而战斗的勇士，志愿参加了希腊民族解放运动，反对土耳其的统治，直至患病而死。他的死使希腊人民深感悲痛，让全世界为之震惊。希腊的独立政府宣布拜伦之死为国殇，全国哀悼3天。拜伦的事迹激励着雨果，雨果有了一种前所未有的激昂斗志。

拜伦为希腊民族解放运动而献身的事迹传遍了世界各国，对思想界产生了较大的影响。在世界各地，文人们纷纷发表纪念文章，抒写诗歌缅怀他及他的作品中的为真理和自由而战斗的精神。

雨果在《法兰西诗神》杂志上发表了一篇纪念拜伦的文章，在社会上引起了很大的反响，杂志的浪漫主义思想倾向也展现出来。

在当时，法兰西学院是墨守成规的老巢，它保护古典主义，反对新事物。其中有一位学士院的终身秘书奥瑞先生，在一次演讲中公开发难，他视浪漫主义为洪水猛兽，认为这种诗歌是在不幸中发现诗意，把快乐寄予恐怖，破坏法国戏剧的法则。演讲后，这位先生竟以死明志，引起了轩然大波。浪漫主义文学遇到了惊涛骇浪。

在这种情况下，《法兰西诗神》注定要停刊的。况且法兰西学院是文人政客们向往的地方，它是不允许办这类杂志的人员进入学士院的。而苏迈、诺地埃都想进入这个神圣的地方。诸多原因导致《法兰西诗神》杂志于 1824 年 6 月 15 日停刊。

塞纳克尔诗社由于缺乏明确的纲领，缺乏真正团结和战斗的精神，不久也解散了，雨果心中有一种愤世嫉俗的感觉。

父爱的博大与政见无关

1824 年 8 月 28 日，在服季拉路 90 号，雨果夫妇的女儿降生了，取名为列奥波尔季娜。父母叫她"布娃娃"。

杂志停刊后，雨果的家渐渐成了朋友们聚会的地方。这里有一些青年作家，也有一些新结识的青年画家。画家朋友有阿希尔·德维利亚，以及他的弟弟欧仁·德维利亚、他的学生路易·布朗热，还有欧仁·德拉克洛瓦等。他们的作品曾博得了革新派和戏剧界的赞誉，他们的思想都很超前。大家在一起讨论绘画艺术中的浪漫主义，探讨怎样挖掘现实生活中本来的色彩，如何表现时代精神等话题。

在法国，波旁王朝复辟后，政府向人民实行了反攻倒算。1824 年秋，路易十八死了，他的弟弟查理十世继任国王。查理十世一上台，就颁布两条法律：亵渎皇上者处以极刑，对革命时期逃亡国外的贵族予以赔偿损失。他还继承路易十八的做法，嘉奖保皇派诗人。

1825 年，雨果被授予荣誉团勋章，还应王室的邀请参加了查理十世的加冕典礼。但此时的雨果，已经失去了过去那种对王室满怀期盼的热情。

1825 年 4 月，雨果全家到布卢瓦看望父亲。自从欧仁病了以后，父爱的博大才被雨果所感受。过去，在母亲等周边人的影响下，他的思想和主义与父亲格格不入。如今，他对时局的看法有了一些改变，对父亲的事业和追求也敬重起来。现在，一家人在一起，他的内心非常安静，他和妻子像孩子一样认真地听父亲讲这场战争的起源和战场上发生的故事。父亲的高大形象在他的心目中越来越清晰。

雨果把查理十世授予的勋章交给父亲。父子对荣誉的热爱是共同的。久经沙场的父亲把这枚勋章挂在儿子胸前。

查理十世的加冕典礼

查理十世上台后，实行了极端反动的政策。为恢复贵族和教会的特权，查理十世发给贵族几十亿法郎的补偿金。他还下令解散众议院，限制资产阶级的选举权。这接二连三地颁布反动法案，激起了法国人民的不满情绪，引发了社会动荡。这时的雨果开始重新认识拿破仑与波旁王朝，他的政治态度发生了变化。

1825 年 5 月 19 日，雨果离开父亲，暂别妻子回到巴黎。因为查理十世的加冕典礼要在兰斯举行。

回到巴黎，雨果和诺地埃等人乘车前往兰斯。在兰斯大教堂里，国王加冕典礼开始了。在雨果看来，眼前的这一切更像是一场豪华的演出。大厅里挤满了衣着华丽的人们。国王带着一群随从出来了，迎面朝他走去的是大主教，国王向主教叩拜，仪式开始了。

对于这场盛大的国王加冕典礼，年轻的雨果第一次参加，但在他写颂诗的时候，却丝毫没有激情：

宝座与祭坛相互辉映，

神圣的银色锦旗犹如海洋，

拱门上装饰着耀眼的金花银练，

到处是繁花锦簇，柔和的光

让教堂上方彩色玻璃的图案辉煌无比……

颂诗得到了王室的喜爱，被下令以最精美的印制装帧出版。雨果因此还得到了国王的接见和补贴路途的费用。

结识朋友

因为这次活动，雨果结识了诗人拉马丁。

拉马丁是法国 19 世纪第一位浪漫派抒情诗人，他的诗打破了前人作诗的清规戒律。雨果读过他在 1820 年出版的诗集《沉思集》，读后有一种轻灵、飘逸、朦胧的感觉。雨果被那抒情的韵调、清新的气息和超群的技巧所吸引。

拉马丁出身破落贵族，一直有自己的领地。每年冬季，他在巴黎居住，其余的日子，他在领地居住。雨果和他经常通信，也互相走访。

阿黛尔带着孩子回到巴黎，他们一家三口又团聚了。

1826 年 11 月 2 日，雨果的长子出生了，取名为查理·维克多。

1826 年 11 月，《歌吟集》出版了，它是《新颂歌集》的新版本。因添加了新写的短歌、民谣，还收录了以前创作的《献给父亲》《两岛》《旅途》等诗，以及一些古老的神话、民间传说等浪漫主义洋溢的诗篇。这样一来，这个本子就厚了，共三卷本。这本诗集，雨果得到了 4000 法郎的稿酬。

《歌吟集》出版后，《环球报》登载了一篇评论文章，作者是圣佩韦。圣佩韦正在研究 16 世纪杰出诗人的作品。他认为前人的作品是刚毅的、明丽的，是文学的瑰宝。反观现在，他悲哀着法国诗歌在随波逐流的诗人笔下的衰落。当他发现了拉马丁、维尼和雨果这样一批年轻的诗人，眼睛为之一亮。他对雨果的《歌吟集》评论道："诗集洋溢着一种相当感人的情感，那是诗人在寻求荣华的道路上因辛酸而感到的悲伤和衰弱。"批评家的中肯评论让雨果很是感动。

雨果决定前去拜访这位评论家。

1827 年 1 月 4 日，雨果来到圣佩韦家，不巧他不在。第二天，圣佩韦回访，两人就这样相识了。通过交谈，圣佩韦由衷地认为雨果是浪漫主义队伍中的领袖。

1827 年春，雨果已经是两个孩子的父亲了。雨果将家搬到了田园圣母街上的一幢房子里。这个房子有好几间屋子，最大的一间贴上了红布，被称作"红色沙龙"。

圣佩韦家居住的房子距离这儿很近，两家走动得也越来越多。

6. 浪漫主义文学创作（1827—1840）

1827—1840 年的 13 年间，是雨果创作最丰富的一个时期。其间，他创作的作品揭露了社会的不公平、控诉了封建专制的罪恶，显示了浪漫主义文学的实绩。1827 年 2 月，雨果发表了歌颂拿破仑功绩的诗歌《旺多姆广场铜柱颂》，表明了他与保皇主义的决裂；同年 12 月，他发表了充满浪漫主义激情的剧本《克伦威尔》，其中的《〈克伦威尔〉序言》是他文艺思想转变的鲜明标志，标志着雨果进入了文艺创作的浪漫主义时期并成为浪漫派领袖人物。这篇著名的序言在文学史上具有划时代的意义，成为浪漫主义文学的宣言书。

《旺多姆广场铜柱颂》——保王主义立场的转变

19世纪20年代后期，查理十世的反动统治使法国的革命风暴逐渐酝酿成熟。法国知识分子发起了自由主义思想运动，社会上出现了反抗复辟王朝的报纸杂志。当时民主主义诗人贝朗瑞（1780—1857）的诗歌对进步的知识阶层有很大的影响。他的诗歌有对法国大革命的赞颂，有对贵族、僧侣阶级的尖锐批判和指责。他曾几度遭到罚款和坐牢，但决不向专制势力妥协。在日趋高涨的自由主义思潮的推动下，雨果的政治观、文艺观都发生了明显的变化。

1827年2月的一天，雨果和往常一样独自散步，他在思考拉马丁和圣佩韦的关于政治与文学的改革问题。

巴黎广场矗立着一座铜柱——旺多姆铜柱。它建于1806—1810年，是帝国用战利品——数百门大炮铸成的，是纪念拿破仑功绩的标志性建筑。

以前雨果看它，是非常厌恶的。他认为拿破仑让世界不和平，是专制政权。他把希望寄托在路易十八身上，天真地认为波旁王朝会给人民带来自由和国泰民安。一年年过去了，查理十世上台了，他心目中的政府没有让他看到时代的精神，没有让他看到人民的自由，也没有让他看到社会的进步。他想到了父亲讲述的那场战争，想到圣佩韦畅谈的自由主义观，想到了拜伦、贝朗瑞歌咏拿破仑的诗篇。现在他再看这座铜柱，他意识到自己的观点彻底发生了变化。

当年那些为法兰西荣誉和家园战斗的英雄，不仅没有得到应有的社会地位，还受到政府人员的凌辱。雨果当即写下了《旺多姆广场铜柱颂》，他在这首诗中向保皇主义的信徒提出抗议，与自己过去的信仰决裂。

……

我怎能沉默，我作为因战斗伟业，

而使自己的名字万古流芳的后裔，

我听见鏖战中飘扬的旌旗哗哗响，

摇篮上的喇叭把英雄业绩歌唱，

父老的剑柄是我儿时的玩具，

　　那时虽是孩子，就已经是战士！

不，弟兄们，法兰西前程辉煌！

我们从高峰被推下可悲的泥塘，

在远征中我们的意志得到培养。

让我们把祖国的荣辱记在心上，

战士的后代，祖国的赤子，要善于

　　珍惜父辈的荣光。

这首诗荡气回肠，把一个爱国的赤子之心表达得淋漓尽致。这首诗在《评论报》上发表后，产生了极大的影响。它大大地激怒了保王党信徒，他们认为雨果叛变了。

父亲看到了儿子立场的转变，多年的思想隔阂终于消融了，他激动着、幸福着。

《克伦威尔》——浪漫主义宣言书

雨果受到进步思潮的影响，敏锐地感到脱离现实生活的伪古典主义戏剧、美化中世纪生活的消极浪漫主义戏剧，都不能满足社会发展的需求。因为这时候的古典主义已完全丧失了它在17世纪时的进步性，成了重形式、轻内容的浮华的戏剧。雨果决心与伪古典主义做斗争，让民主思想体现在舞台上。

1826年，雨果与诗人维尼、缪塞（1810—1857）和大仲马（1803—1870）、诺地埃重组浪漫派文学社，开始明确反对伪古典主义。雨果用理论和创作实践与伪古典主义展开斗争，成为反对伪古典主义的盟主，喊出了"让人民文学代替宫廷文学"的口号。

1827年秋天的一个晚上，诺地埃的家中聚集了一些诗人、剧作家、画家、演员和记者。雨果的《克伦威尔》要在这里宣读。

《克伦威尔》（1827）是雨果的第一部戏剧作品。它以英国17世纪发生的资产阶级革命为题材，描写了资产阶级革命的领袖人物克伦威尔拒绝王位的故事。雨果按照自己提出的浪漫主义美学原则，把克伦威尔描写为"既崇高优美又滑稽可笑"的人物。由于剧本人物众多，对话冗长，不适宜舞台演出，因而没有上演。雨果特别重视这部作品的序言，因为它是雨果的浪漫主义文艺的宣言书。

在序言里，雨果慷慨激昂地陈述了浪漫主义的文艺纲领，向守旧派展开了全面进攻。他宣称戏剧是当今很重要的浪漫主义文学形式，要反对古典悲剧形式就要师法莎士比亚，争取更大的自由与真实，挣脱那帮琐碎派束缚人们思想的罗网。他详尽地阐明了浪漫主义的艺术纲领，指出艺术的生命要反映时代精神和地方色彩，指出浪漫主义真正的意义是文学的解放，新的人民，新的艺术。

在序言里，雨果主张新剧本要使用人民群众中存在的朴素、丰富的语言，反对使用死气沉沉的缺乏生气的语言。戏剧要接近生活现实，就应该把崇高和荒谬这两者结合起来，要特别重视对比和离奇的手法，要以浓墨重彩的夸张笔法描写可怖的和荒谬的事物，强调作者的想象和夸张在创作中的重要作用。他提出美与丑、崇高优美与滑稽丑怪相对照的方法，他认为丑就在美的旁边，畸形靠近优美，粗俗藏在崇高的后面，恶与善并存，黑暗与光明与共。他反对古典主义单纯追求高贵和典雅的艺术原则，要求扩大艺术的表现范围，强调自然中的一切事物都可成为艺术题材，并提出对比的原则，认为自然中的一切事物都是通过两种不同要素的对比表现出来的。

在序言里，雨果从戏剧角度猛烈抨击古典主义的清规戒律，提出法国艺术要脱离古典主义。他批判了陈腐的三一律原则，向时间、地点、动作统一律这一戏剧规则大举进攻，号召人们向僵死的形式主义做斗争。他认为地点、时间和动作的一致律中只应保存动作的一致律，因为它不与生活相抵触。而地点、时间一致律是十分荒谬的，把所有的主人公聚集在一个地点，还要把所有事件安排在 24 小时内，是荒谬的。

这篇序言的意义就在于它在同死板的形式进行斗争的同时，号召文学走上新的道路。他呼吁：要粉碎各种理论、诗学和体系，把装饰艺术的老门面敲掉，没有什么规则、什么典范，或者说，除了制约整个艺术的普遍自然法则以及根据每个主题的要求产生的每部作品的特殊法则之外，再没有别的什么规则。序言顺应了革命时代对新文学的呼唤，激起社会的强烈反响。

《〈克伦威尔〉序言》的发表，是雨果的世界观脱离保王党立场、转向进步的明显标志。

当时进步的浪漫主义作家们，把《〈克伦威尔〉序言》看作浪漫主义文艺纲领的精华，是新艺术创作的金科玉律。他们立志要去建立一种符合新世纪要求的新文学。

父亲离世

《克伦威尔》于 1827 年 12 月问世。雨果把这一剧本献给了父亲。老人十分愉快，深受感动。父亲已经将家搬到了巴黎弗里梅大街的一套房子里，离儿子家不远。这些年由于儿子的颂诗提到他，他的军阶和尊号都恢复了。

1828 年 1 月 28 日晚上，雨果和阿黛尔在父亲家闲谈这些天来报纸上对《〈克伦威尔〉序言》的评论。一家人其乐融融，将军的兴致特别高。雨果离开父亲家时接近半夜了。

雨果和阿黛尔刚走到自家屋门口，大门外就响起了一阵令人不安的门铃声。来人告信，父亲去世了。雨果不相信自己的耳朵，因为刚才他还在和父亲交谈，父亲还发出爽朗的笑声。

父亲患脑溢血，猝死。

雨果痛失了这个世界上最爱他的男人，这个男人身上的高贵与善良是他后来才慢慢体会到的。这种相聚在一起的幸福时光对于雨果来说是太短暂了。

创作走向人民

1828 年 10 月 21 日，雨果的第二个儿子出世了，取名为弗朗索瓦·维克多。

雨果坚持文学要接近现实，主张艺术要反映时代精神和地方色彩，要反映出历史的和民族的特征，这和现实主义的艺术观点是相通的。雨果强调诗人的主观意识，表现色彩鲜明的不平凡事物，因此他的创作思想是浪漫主义的。

本着这种浪漫主义的艺术观，从 19 世纪 20 年代末到 30 年代末，许多绚丽多彩的诗歌、戏剧、小说从雨果笔下像泉水般涌流出来。

《一个死囚的末日》——不要死刑，要人道！

1828 年 11 月，雨果写了《卡纳里斯》《十一月》，被收入《东方集》中。该诗集于 1829 年 1 月出版。

《东方集》中的诗篇大多写于 1825—1828 年。它歌颂了为民族解放而斗争的希腊人民，它以色彩鲜明的浪漫主义语言冲破了陈腐枷锁的束缚。出版商波桑以 3600 法郎买下了《东方集》的初版版权，另一个出版商戈斯林闻讯以 3600 法郎的价格买下了这本书的 12 开本的版权，对于这样的结果，雨果很兴奋。

接着，雨果用了 3 个星期，完成了中篇小说《一个死囚的末日》。为了写好这篇小说，他去监狱实地考察两次。他看到了犯人们居住的恶劣环境，感受到了死囚临刑前的恐惧和冤屈。雨果采用日记体裁，出版时不署作者姓名，让人感到这是一篇文献资料，是一个死囚发出的最后的呼喊。

《一个死囚的末日》是 19 世纪 30 年代到 40 年代法国出现的一系列社会心理小说的先声之一，是雨果向他的巨作《悲惨世界》迈出的第一步。雨果主张用人道主义抗议不人道的法制社会，反对社会上截然对立的两级现象，这是他的创作思想，是他优秀作品的灵魂所在。雨果坚决反对死刑，主张维护人的尊严，他创作的主题和内容指向了尚未被当时法国文学界重视的社会问题和社会阶层。他让读者看到了苦役犯们的真实生活和监狱中的悲惨世界，还有那些骇人听闻的社会矛盾。

雨果每晚都在文学圈子里朗读这篇小说，出版商戈斯林闻讯以 3600 法郎的价格买下了这本书的版权。该书在 1829 年 2 月出版。

这篇作品发出的深切呼唤，引起了社会各阶层人民的强烈共鸣。反动报刊极端仇视雨果的这部作品，认定这是破坏国内安定局面的恶意宣传。雨果面对敌对势力，坚决捍卫他的人道主义的立场。他将迎头而上，勇敢地战斗下去。

《玛丽蓉·德洛尔姆》遭禁演

1829 年 2 月，大仲马的浪漫主义剧作《亨利三世》在巴黎初演。巴黎文艺界人士都来观看，演出获得成功。大仲马这位年轻作家，把那些热衷于古典主义的审查者弄得措手不及。当他们反应过来时，慌忙宣布禁演。但是这出戏已让浪漫派青年欢欣不已。

大仲马的戏激励着雨果，演出结束后，雨果跑到后台向大仲马表示祝贺，两个年轻人的手紧紧地握到了一起。

此时的雨果正在酝酿着两部戏的创作——《玛丽蓉·德洛尔姆》和《欧那尼》。他决定先写剧本《玛丽蓉·德洛尔姆》。雨果阅读了大量的历史书、回忆录和传记后，于 6 月 1 日开始动笔，6 月 24 日完成。

剧本的朗读定在 7 月 10 日。这一天来了许多朋友，有巴尔扎克、大仲马、梅里美、圣佩韦、维尼、缪塞、苏迈、台尚兄弟、德维利亚兄弟等作家和画家朋友们。

雨果打开了稿子。他的朗读，把人们的思绪带到 17 世纪的法国。

美丽的交际花玛丽蓉爱上了勇敢正直的青年男子狄地埃。她离开了巴黎和从前的朋友，隐瞒了自己的姓名和旧事。狄地埃是一个贫民，他珍爱名誉，他认定玛丽蓉是纯洁的女孩。有一天，狄地埃与一位侯爵发生了口角，遂拔剑与之决斗。在当时决斗是被禁止的，违者将被处以死刑。事情发生后，狄地埃和玛丽蓉逃往外地。为了谋生，他们参加了一个喜剧班。结果，玛丽蓉交际花的身份暴露了。狄地埃接受不了玛丽蓉的欺骗和过去，他不愿再活下去了。于是他向当局自首领死。玛丽蓉匍匐在皇帝脚下，恳求赦免狄地埃。和狄地埃决斗的侯爵的一位老年亲戚也在路易十三面前替狄地埃求情。他们终于求得了国王的一份珍贵的诏书。不久路易十三背弃信义，诏书撤销了。狄地埃朝刑场走去，他至死都没有宽恕玛丽蓉的欺瞒。

朗读结束了，人们还停留在剧本的情境中。几分钟后，朋友们爆发出热烈的欢呼声。

第二天，就有3家剧院的经理来洽谈剧本。雨果答应了第一个来要剧本的法兰西剧院经理泰洛尔先生。泰洛尔看到剧本中的第四幕涉及王室，担心检查部门通不过，就将剧本送到文艺新闻检查处审查。

审查结果出来了，《玛丽蓉·德洛尔姆》被禁演。

雨果前去拜见内政部长马尔丁亚克。这位部长直言不讳地说："这个剧本是一出危险的戏，有影射查里十世之嫌。"雨果愤然离去，要求谒见国王。他向国王陈述了来意，把剧本被禁演的事和马尔丁亚克冷冰冰的接见禀告了国王。查理十世答应亲自读一读，并答应早些做出决定。

第二天，内政部长马尔丁亚克就下台了。不久雨果收到一封信，要他去见新任内政部长德·布东伯爵。部长告诉他："国王看了第四幕，他不能批准演出，非常抱歉，但政府愿意赔偿作者的损失。"

一天，雨果同圣佩韦正在家里闲谈，信使送来一封盖有内政部大印的信封，里面有一份通知：国王给他4000法郎的赏金。雨果当即写了一封回信交给了信使，谢绝了国王的赏赐。圣佩韦见证了这件事情。他在报纸上报道了雨果对此事的做法，并给予肯定的评论。

剧本《玛丽蓉·德洛尔姆》（1829）以鲜明的时代色彩和无拘无束的

情节变化冲击了三一律的陈规，批判了专制王权，被认定嘲讽揶揄国王，影射在位的查理十世，遭到禁演。雨果要以另一剧本《欧那尼》作为回应，颂扬一个反抗社会的浪漫派英雄。

为《欧那尼》而战

雨果决定写一部因反抗暴君而被社会邪恶势力毁灭的一位英雄的悲剧。雨果对西班牙的印象很深，西班牙贵族的傲慢和青年的无所畏惧植入了他童年的心底，他至今还记得那年远赴西班牙时途经的欧那尼，那空空的房屋冷冷地站立，那门楣、门锁，那一切。他决定创作一出以欧那尼为作品和主人公名字的浪漫主义戏剧。

雨果8月27日开始动笔，9月25日完稿。

《欧那尼》讲的是16世纪西班牙一个贵族出身的绿林好汉欧那尼与国王、公爵抗争的悲剧故事。欧那尼的父亲是西班牙的一个大贵族。父亲被西班牙国王处死了，他无家可归，只好落草为寇，成为一个要报杀父之仇的叛逆者。这个叛逆者深深地爱着一个年轻美貌的女子莎尔。他有两个情敌：一个是老伯爵，是莎尔的监护人；另一个是西班牙的储君——年轻的唐卡洛斯。欧那尼在与储君的较量中取得了胜利。在举行婚礼之际，老伯爵以欧那尼曾有的诺言相要挟，让这对恋人悲惨地死去。

雨果答应剧院经理泰洛尔在10月1日前完成剧本，并让泰洛尔在这一天召集剧本审查委员会审查，他要直面这些检察官朗读剧本。

这一次，剧本顺利通过了，审查会同意该剧本在法兰西剧院上演。

从1829年10月到1830年2月，雨果和阿黛尔全身心地投入了剧院的排演工作。雨果不仅要指导演员的表演，解决幕后的钩心斗角，还要了解报纸和警察等的动向。剧本还未发表，许多报纸和杂志就开始攻击这部作品，连带攻击作者。保皇派指责雨果变节，传统派说他破坏公认的准则，等等。

雨果预料，《欧那尼》首演时，保守派一定会进行破坏。剧院经理泰洛尔建议雇用剧院的鼓掌班来捧场。雨果认为他们不可靠，他们的掌声是送给付钱多的一方的。雨果要用一支自愿支持《欧那尼》的队伍来助威。这支队伍很快集合成立。队伍由年轻的文学家、画家、报人、大学生、印刷工等 300 人组成。他们将手持印有"铁"字的红色硬纸片，以披头散发的怪诞形象进入会场，抗议传统思想和观念，维护和保护《欧那尼》的首演现场。

1830 年 2 月 25 日下午 2 点，法兰西剧院门前聚起了一群衣着打扮怪怪的人。他们长头发、大胡子，身着各种奇装异服。这些人是雨果的支持者。3 点，他们就先行进入剧场，占据了整个池座和几排楼座。大家情绪高昂，这边唱歌，那边讨论政治问题，场面很是热烈。

晚上，观众们陆续进入剧场，法兰西学院的院士们也来了。观众席上人满为患。

演出开始了，争吵也开始了。池座和楼座的战士们保护着演出的局面，一句好的台词，一个好的场面，他们就使劲儿鼓掌，观众受到感染，掌声自然更加热烈。这出戏本身太精彩，赢得了观众不停地喝彩。特别是最后一场，欢呼声雷动，花束、花冠纷纷朝舞台上飞去。

首演取得了胜利。雨果被战士们抬了起来，抛向空中。

当时，法国正酝酿着七月革命，革命和保守两股势力正在较量。在文学界，古典主义戏剧还在顽固地霸占着剧坛，雨果的浪漫主义剧本《欧那尼》的上演，抒发了反对专制暴君的激情，表达了当时法国社会各阶层对波旁王朝无比愤怒的情绪。《欧那尼》的上演轰动了戏剧界，引发了现场观众的两种思想和势力的争斗，成为当时文坛上的重大事件。

围绕《欧那尼》的演出，古典主义者同浪漫主义者之间进行着激烈的争斗。反对派组织了强大的攻势，他们在报纸上发表了讽刺漫画；在剧场上采取了喧嚣和谩骂等反击形式。但拥护雨果的战士们仍然斗志昂扬，情绪高涨。《欧那尼》以百场的演出，场场爆满的盛况取得了决战的最后胜利。

《欧那尼》的演出获得巨大成功，它宣告了古典主义独霸剧坛时代的终结，标志着新的浪漫主义创作方法的确立，证明了民主的进步力量正逐渐强大。

雨果积极投身于为社会进步而斗争的洪流中，他用自己创作的作品《欧那尼》与古典主义者展开斗争，彻底击败了古典主义戏剧，促进了文艺的新生。从此，浪漫主义文学占领了法国的文学阵地，浪漫主义戏剧在巴黎舞台上占据了主宰地位。

《欧那尼》的演出作为一个重大事件而载入法国文学史册。

七月革命与七月王朝

讴歌年轻的法兰西

1830 年 5 月，雨果的家搬到了让·古戎街一处单独寓所。他开始着手写小说《巴黎圣母院》。因为前期排演《欧那尼》的事情，写作的计划有些耽搁了。与出版商签订的交稿时间是在 12 月，距交稿的期限只有 7 个月的时间了。

国内政治气候又有了新的变化，查理十世把逃亡国外的波林亚克首相召回国，让他执掌国家大权。上台后的波林亚克采取极端的手段要把国内的自由空气打压下去。

1830 年 7 月 26 日，官方《箴言报》发布国王敕令和政府令，宣布解散议会并限制其活动，限制选举权，还要进一步加强书刊检查。查理十世妄图恢复封建君主专制的种种倒行逆施，遭到法国人民的激烈反对。当天，巴黎就发生了骚动。人们纷纷走上大街开始集会游行，他们高喊口号："打倒内阁！打倒波林亚克！"

夜里，阿黛尔又生了一个女儿，雨果很喜欢，称她为"小阿黛尔"。

7月27日，雨果坐在书桌前，窗外静下来了，静得有些可怕。远处突然传来了枪声。接着，炮车在路上轰轰作响，一会儿枪声大作。

雨果走出家门，去看个究竟。

爱丽舍大街禁止通行，街上架起了大炮，士兵在伐树垒掩体，看来要有一场街垒战。雨果看到一棵树上绑着一个孩子。士兵说他打死了他们的队长，等待枪毙。

雨果上前想说些什么，一位将军骑马过来，说："赶快回家，这里马上要打起来了。"雨果指着孩子，将军让士兵把孩子送警察局。

巴黎的大学生、工人和手工业者走上街头，拿着武器，高喊着"打倒波旁王朝！宪章万岁！自由万岁"的口号，攻占了王宫。接着他们构筑街垒，竖起革命的三色旗，与政府军展开激战。

29日，革命派控制了局势，坚持了三天三夜的武装斗争终于获得了胜利。雨果在诗中这样描述当时的场面：

三天三夜，民众的愤怒

像炉膛里熊熊的烈火；

它像耶拿锋利的长矛

把百合花臂章挑破。

插翅的骑兵队伍

为了救助溃退的哨兵

飞驰着投身战斗，

但他们却像枯干的秋叶，

一堆堆地

葬身于熊熊的烈火。

波旁王朝倒了，查理十世逊位逃亡英国。旧贵族在法国的统治结束了，三色旗飘扬在杜伊勒里宫上空。

临时政府由著名的自由派、银行家拉菲德和北美独立战争中的将军拉法埃脱等组成。由于拉法埃脱不愿担任政府领袖，临时政府开会决定把三色旗交给皇族出身的奥尔良公爵。

奥尔良公爵即位，被称为路易·菲利普一世，建立了金融资产阶级统治的七月王朝，实行君主立宪制。

这就是法国的七月革命，这场革命后来被雨果认识到是一场不彻底的革命，资产阶级的欲壑难填，银行家的本性使得革命变得半途而废。

这一年，雨果思想和行动转向支持共和党，但是他觉得民众"不成熟"，不能搞共和制，应该先走君主立宪制道路。

雨果参加了国民卫队，任纪律委员会的文书。

19世纪30年代，雨果逐渐从抒发个人情感走向与现实斗争相结合的道路。七月革命前夕他创作的抒情诗，充满着个人伤感的回忆，诗人用忧郁的目光观察身边的世界，基调比较凄凉。七月革命后的8月10日，雨果写下了热情洋溢的颂诗《年轻的法兰西》，在《环球报》上发表：

自豪吧！你们做出父辈般的功绩。

经过多少战斗才赢得全民的权利，

你们把它活生生地从裹尸布下救出。

为了拯救你们的家园，七月

给你们三个烈日，去烧毁巴士底，

而你们的父辈，却只获得一个！

逃亡后复辟又逃亡的枯死的宗族，

请让我为它洒一掬眼泪，啊！

三次把它吹走的宿命的飓风。

让我们把祖父辈的老王恭送出境。

奥斯特里茨的军旗向永别的王幡

应该行一个军礼。

……

在这里，雨果热情地赞美七月革命，讴歌"年轻的法兰西"，痛悼在革命斗争中牺牲的战士。同时，他对被推翻的波旁王朝也有一丝同情。

《巴黎圣母院》——反封建！反教会！

转眼间，时间已经走到了 1830 年 8 月中旬。雨果的《巴黎圣母院》还没有动笔，出版商把交稿时间延到第二年的 2 月 1 日。

雨果买了一大瓶墨水和一件肥大的灰毛衣，开始了闭门写作。他的写作思路特别清晰，文笔流畅，人物形象个个饱满，情节和冲突在现实和想象中构筑。

在写作期间，他只出去一次，是去旁听对查理十世内阁大臣们的审判。

雨果看到的是一个极其混乱的场面。卢森堡宫门前人山人海，"打倒波林亚克！把大臣们都处死"的呼声一阵高过一阵。人们朝宫里拼命地挤，冲散了维护治安的警察队伍。卢森堡宫的审讯被迫中断。拉法埃脱走出法庭想对大家讲话，结果被不理智的人们举起来扔了出去，幸好有士兵赶来解围。拉法埃脱气得发抖，对雨果说："我已经认不得我的巴黎市民了。"

雨果感到人民对这场革命失望了。

1831 年 1 月 14 日，雨果完成了小说《巴黎圣母院》的写作。

《巴黎圣母院》是雨果第一部浪漫主义风格的长篇小说，描写了中世纪巴黎圣母院副主教克洛德·弗罗洛对美丽的吉卜赛女郎爱斯梅拉达畸形的爱，描写了丑陋的圣母院敲钟人卡西莫多对爱斯梅拉达纯洁的爱。它是法国七月革命高潮时期的产物，充满了强烈的反封建反教会的战斗精神，表达了那个年代法国人民的正义呼声。

在这部小说中，雨果成功地运用了他在《〈克伦威尔〉序言》中的原则，把中世纪的城市生活与合理的想象相结合，让历史的真实与诗意的虚构同在，让历史观照现实，呼唤人道主义和自由主义思想。

2月13日，《巴黎圣母院》出版。

《巴黎圣母院》出版后，引起了强烈的社会反响。一些报纸和杂志纷纷发表文章，形成强大的舆论阵地。有的对书中的宗教态度提出质疑，有的夸赞作品的场景宏大、情节生动和故事凄美。雨果的好友拉马丁给雨果的信中直言："这是长篇小说中的莎士比亚，中世纪的史诗……您的《圣母院》里什么都有，就是没有一点点宗教信息。"

小说不断重印，法国的读者越来越多，影响越来越大。欧洲各国相继翻译了这部小说。普希金对这部书爱不释手，别斯图热夫－马尔林斯基对雨果佩服得五体投地，认为雨果是一位旷世奇才，他挑起了整个法国文学的重担。

婚姻很美好　无奈有些烦

1831年的秋天，雨果的内心很不平静，他经历了好友圣佩韦与妻子阿黛尔产生了好感的痛苦日子。阿黛尔虽然还像从前那样柔顺、温存，但他分明感觉得到妻子对他一天比一天疏远、冷淡。妻子与自己的话越来越少，却与圣佩韦谈得十分投机。圣佩韦为阿黛尔写诗，为她读诗。他欢喜着阿黛尔的欢喜，悲伤着阿黛尔的伤感。他把自己工作之外的所有时间用来陪伴他心目中美好的女子。圣佩韦毫不隐瞒自己的观点，跟雨果大谈对阿黛尔的好感，还对外扩散自己的爱情。一直以来，雨果大度地希望圣佩韦与自己友谊变得正常，同时又能保住自己家庭的幸福，可是这种愿望被他的这位挚友闹得有些暗淡了。

外界的流言蜚语掺杂着对雨果的恶意人身攻击，诗人只能以笔来倾诉自己内心的情感以及对美好的回忆。一首首诗歌在他笔下倾泻而出。

雨果望着窗外的落叶，翻看着手中的诗稿，他把讴歌家庭和大自然一类的诗归到抒情诗集里，这个诗集被命名为《秋叶集》。意为沉思和悲愁的回忆。这个诗集中的最后一首诗，虽然也有一种淡淡的哀愁，但那种对生活对祖国对人民的热爱洋溢其中。从中我们看到了一个诗人的心境和追求自由的信念：

我是时代的产儿，

往昔的迷惘曾使我彷徨。

此时，当我驱散了眼前的迷雾，

自由，祖国——我只把你信仰！

缪斯应该献身人民，

我忘却了大自然、爱情、家庭，

把一根无比坚韧犀利的铿铿铜弦

装上我的竖琴。

《秋叶集》在 1831 年 11 月出版，这时的雨果 29 岁。

七月王朝——金融贵族和银行家的天地

七月革命之后，法国建立了以路易·菲利普为首的大资产阶级统治的奥尔良王朝——"七月王朝"。银行家、交易所经纪人、铁路大王、大矿主、大森林主、大地主组成了金融贵族执政的圈子。路易·菲利普是一个狡猾的国王，他在位期间始终维护资产阶级的利益。银行家拉裴特陪着他到市政厅即位时说："从今以后，银行家要统治国家了。"一语道破了路易·菲利普政权的本质。

金融贵族和银行家掌握了国家政权之后，社会矛盾日益加深，劳动者和资产阶级矛盾尖锐起来。雨果对七月革命后的现实感到失望，他写道："我是世纪的儿子，我也一直深深痛恨着压迫。我诅咒那些躲在宫廷、藏在洞穴的帝王，一身鲜血！"

1831 年 11 月 21，以生产丝织品和天鹅绒纺织品著称的里昂工人不堪压迫，喊出"不是工作而生，就是战斗而死"的口号，爆发了大规模的武装起义，后来称"法国里昂工人起义"。经过 3 天的激烈战斗，起义者占领里昂市达 10 天之久，终因敌人过于强大，起义被血腥地镇压下去了。法国七月王朝颁布了禁止工人集会、结社的命令。人民的权利被剥夺了，贵族资本家对工人的压迫仍旧。

1832 年春天，杜伊勒里宫四周围起了高高的木板墙，里面正在施工。路易·菲利普国王在建造小型私家花园，并在四周挖深沟，拉上铁丝网。巴黎人都在议论路易·菲利普，议论杜伊勒里宫，议论时政：国王在与人民隔绝，巴黎街头再也看不见他的身影；政府要员银行家拉菲特在交易所里暴敛金钱；拉法埃脱将军戴着假发在假寐，无视人民的要求。

雨果的《欧那尼》《巴黎圣母院》《秋叶集》发表以后，他在法国的文学界已经占据了重要地位。这时拜伦已经去世了，歌德、司各特也走在死亡的边上，他的前辈夏多勃里昂不发声音了，雨果在世界文坛上已然是第一流的作家了。同时，他的文学成就引起一些人的嫉妒。在他的家里，老朋友来的越来越少了，新朋友来的越来越多。家中的沙龙仍旧热闹，好多人都在抢着发言。

3 月的一个夜晚，雨果像往常一样在街上散步、思考。一个乞丐向他走来，伸出一只手乞讨。在巴黎，这样的乞丐、罪犯、苦役、妓女越来越多，革命并没有给人民带来生存的尊严和快乐，更没有平等和自由。他联想到不久前在《司法报》的报告里看到的一个叫克洛德·格的案子。

《克洛德·格》——浪漫主义作家的现实主义作品

克洛德·格是一个工人。因为他被工厂主辞退，妻儿生活无着，他只好去偷窃养家糊口。他被抓后判了 5 年徒刑。在狱中，因不堪忍受狱卒的侮辱打死了看守，被判死刑。

雨果看过这个案件的审讯报告之后，上书国王请求赦免克洛德·格，但是克洛德·格已被执行死刑了。

雨果挺身出来谴责这个社会的不平等。他深信克洛德·格身上的任何一个片段都可以作为研究 19 世纪人民苦难问题的引子。他在中篇小说《一个死囚的末日》第二版序言里曾痛斥私有者，"人民饥寒交迫。穷困迫使他们去犯罪或是去卖淫"。雨果主张废除死刑，他开始着手写短篇小说《克洛德·格》。

在小说《克洛德·格》中，雨果描写了社会底层人们的生活状态，探讨了工人贫困的原因和因此而形成的犯罪问题，控诉了法律的不公，抨击了为权势者和富人们服务的法律。小说就不合理的社会造成的一批批牺牲品以及正在毁灭的残酷事实，对社会提出强烈抗议，同时提出用教育来解决社会矛盾的改良主义主张。这些体现了雨果的人道主义思想。

1832 年 3 月底，巴黎出现了霍乱。儿子查理染上了，全家一阵惊慌，好在病情控制住了。霍乱流行的巴黎，全城一片死寂，街上是一堆堆装有死尸的麻袋，这暂时缓和了人们越来越不满的情绪。但是人们仍可以感觉到政治空气的紧张，有人在小酒馆中秘密集会，有人在街头隐秘处传递枪支，还有人在秘密组织活动等。

巴黎六月起义与《悲惨世界》

霍乱渐渐平息下来，雨果开始写《国王取乐》。连续几天的辛勤写作，他的眼睛有些疲劳。他走进花园深处，坐在一张椅子上，想看看草木的绿色。突然间，枪声响起，一阵嘈杂。雨果急忙向外跑去，大街上人影皆无，家家门窗紧闭。枪声越来越密，他躲在一根柱子后面，看清了是王家军在攻打起义的民众。

这是 1832 年的巴黎起义，即 1832 年巴黎共和党人起义。让·马克西米利安·拉马克将军的病逝是这次起义的导火线。

1832 年 6 月 1 日，共和党人的重要领袖让·马克西米利安·拉马克将军因感染霍乱不治病逝。拉马克将军生前受到民众的拥护和爱戴，曾在稳定七月革命后的局势中发挥重要的作用，被视为政府和民众沟通的重要桥梁。他的逝世，让共和党人感到和平变革的希望幻灭了。

6 月 4 日，拉马克将军的葬礼举行，送葬队伍数以万计，有大学生、工人、各国的政治流亡者，还有退伍军人。当队伍走到奥斯特利兹桥时，数以万计的群众在道路两旁送别拉马克将军。其间，共和党人乘机喊出反对政府、支持共和的口号，得到民众的响应。一部分人将拉马克将军的灵车送往名人公墓。另一部分人跟随着高举大红旗的共和党人领袖举行大规模的示威游行。王家骑兵赶来阻止，一场恶战发生了，起义开始了。

整个城区都动起来，巴黎沸腾了，"公民们，拿起武器！共和国万岁"的口号激励着全城居民。不到 1 个小时，起义者占领了军火库、市政厅和巴士底狱。到了晚上，共和派控制了三分之一的城区。一夜之间，大街上垒起了数百个街垒。

第二天早晨，政府调来的常备兵团和重炮部队与起义军展开了街垒战。国民警卫军和起义民众在圣梅利展开血战，起义学生坚守的街垒最终在大炮的轰炸之下被击毁，造成至少8000人死亡。6月6日晚，起义被镇压了。

这一切，在13年后雨果的巨著《悲惨世界》中，再现了六月起义的情形，再现了这个令人惊心动魄又让人无比鼓舞的历史时刻。

剧本创作的时代精神

巴黎全城戒严，雨果继续创作剧本《国王取乐》。

《国王取乐》中的法王弗朗索瓦一世的侍从特里布尔是一名宫廷小丑，其貌丑背驼，对荒淫的暴君俯首帖耳。年轻俊美的国王专以玩弄女性、勾引臣下妻女为乐。朝臣虽然对他不满，但为了权位极尽曲意逢迎。特里布尔有一个纯洁貌美的女儿白朗雪。他怕女儿被荒淫的国王看见，就在陋巷深屋藏女。没想到国王乔装成穷书生暗中骗得了白朗雪的爱。特里波尔决意杀死糟蹋了她女儿的国王。然而他却没有料到装在布袋里被他杀死的不是国王，而是代替国王以死殉情的女儿。

1832年7月底，雨果完成了剧本，交由法兰西剧院排演。雨果开始创作剧本《吕克莱斯·波基亚》。

10月，雨果将家搬到了皇家广场的新居。

11月22日，《国王取乐》首演，池座和楼座里坐满了披头散发的人，他们是追求民主自由的青年人，也有雨果的朋友组织的助兴的人。演出前，池座的人在唱《马赛曲》，楼座的人在唱《卡尔曼纽拉歌》，现场气氛极其活跃。开幕的铃声响过，人群却一直安静不下来。原来有一条消息在传播着，"国王遇刺未中！"随着演出的进行，剧场人们越来越骚动，特别是演到特里布尔要杀国王的那一场，反对者的刺耳哨声、跺脚声，助兴者的鼓掌声乱成一团。

第二天，保守派向工部递交请愿书，声称这部剧歌颂了弑君之举。内阁宣布《国王取乐》禁演。

雨果非常气愤。他以控告剧院不履行协议为由声讨政府。在法庭上，雨果维护公民的权利和出版自由的讲话，被旁听人们的掌声打断。虽然起诉没有结果，但各大报纸纷纷报道。官方报纸趁机攻击他接受国王津贴，是假的"自由战士"。雨果给工部部长达尔古写一封信，断然拒绝接受此项津贴。

雨果，这位自由主义战士，从此再没有去领取这项津贴。

雨果用了很短的时间写出剧本《费拉尔的晚餐》（后改名为《吕克莱斯·波基亚》）。他要用新的作品与政府进行说理和斗争。

《费拉尔的晚餐》写的是16世纪意大利费拉尔公爵的腐朽之家，女主人公吕克莱斯·波基亚是一位有着传奇色彩的投毒者，是母爱净化了她的灵魂，她变得高尚了。后来她死去了。

1832年12月的一天，圣马门丁剧院的经理加莱尔找到了雨果，请求排演这部剧。

在排演前的朗读中，女主角的扮演者要求用女主人公的名字命名剧名，雨果同意了，改为《吕克莱斯·波基亚》。

首演获得极大的成功。也是因为《吕克莱斯·波基亚》的排演，雨果遇到了朱丽特·德鲁埃。

朱丽特是圣马门丁剧院的一名普通演员。她自幼失去双亲，19岁就独立谋生了。她当过模特，跟一个有妇之夫同居，生下女儿后就被抛弃了。她为了抚养孩子，又与几个男人有来往。在26岁的时候，做了演员。她很崇拜雨果。雨果从她的眼里看到了哀求、忠诚和爱慕的神情。雨果爱上了她，帮助她渡过了生活上的难关，与她度过了50年的相知相恋的艰难岁月。

这一时期雨果还写了剧本《玛丽·都铎》（1833）、《安日洛》（1835）《吕依·布拉斯》（1838），并先后上演。从雨果的剧作中，可以听到人民反抗暴君的强烈声音，他的作品鲜明地体现了时代精神。

走入低谷

雨果家的"红色沙龙"随着雨果的搬迁也转到皇家广场的新居里。很多人都愿意来这里读自己的作品，在这里还能看到许多名流。让雨果难受的是一些老朋友不来了。维尼与雨果分道扬镳了，不来了。圣佩韦因为阿黛尔与雨果不睦了，也不登门了。

雨果和朱丽特的关系，被人们议论了。在自己的家中，雨果都能听到人们在说："雨果这个讴歌家庭，讴歌古希腊罗马美德的诗人，家中有 4 个孩子的人，怎能去做这样的事情呢？"

阿黛尔生性并不风流，尽管自己愿意和圣佩韦幽会，听他读诗和表白爱情。但她是忠于雨果的，她是热爱家庭、热爱孩子们的。当她听到雨果的绯闻时，只能装作不知道，希望这事能快点过去。

此时，雨果的处境难了。有些朋友对他不理睬了，有人在利用人们的议论对他进行诽谤。

大仲马因为谣言与雨果生分了。拥护大仲马的人也不再为雨果的戏捧场了。雨果的核心作用正在渐渐地消失。他新写的几部戏，由于没有了浪漫派大军的维护，在文艺界也没产生什么影响。他写的诗歌，尽管已达到他创作的顶峰，但在当时的情境下，也没有产生重要的影响。

由于对社会和创作的看法不同，浪漫派小组的人们在走各自的道路。维尼留恋往昔，怀有高傲自负、孤芳自赏的悲观情绪；诺地埃不愿改革、空有浪漫主义色彩的文字情怀。他们曾和雨果一起力图改造文学，但面对这真实社会，对未来文学的走向，大家的认识各有不同，所以出现暂时的不来往也是正常的。

七月革命后，一些作家从书写浪漫主义的华丽作品转向了描写严酷的社会现实，形成了现实主义文学派，如巴尔扎克、司汤达等。

现实主义派对现实的看法是比较清醒和严肃的，浪漫主义派提倡创作的自由，也是实际的。两个文学流派都不满现实，都在进行新的探索，他们都是革新派。在现实主义作家巴尔扎克的作品里，能看到他青年时代的浪漫主义痕迹；在浪漫主义作家雨果的文章里，其现实主义的成分在不断增加。

里昂工人起义　呼吁社会关注

1834 年 4 月 9 日，里昂再度爆发丝织工人起义。起义的直接原因是：1834 年 2 月，政府以煽动和结社的罪名，逮捕了 6 名工人互助会领袖，并发布禁止工人结社集会的法令。4 月 9 日，法院开庭审讯被捕工人领袖。全市工人涌向法院，反动军队向工人开枪，打死 1 人。工人筑起街垒与反动军警展开战斗，由此爆发了第二次里昂工人起义。

这次起义具有更鲜明的政治性质，不仅提出经济要求，还提出废除君主制度，建立共和政体的口号。起义者在旗帜上写着"我们为之斗争的事业是全人类的事业。""不共和毋宁死！"等口号。工人组织互助社、小资产阶级民主主义者组织人权社，进步社的成员组成总委员会共同领导了这次斗争。

这次起义得到巴黎马赛工人群众的响应，起义队伍遍布巴黎的大街小巷。政府出动 1 万多反动军队镇压工人起义。起义群众同政府军在里昂郊区和市内进行 6 天激战，终因力量悬殊被政府军镇压。在当局的唆使下，政府军队在大街上公然杀害俘虏，连妇女、儿童、老人也不放过。

这次起义在巴黎和许多地区引起强烈反响，推动了法国工人运动的发展。工人运动推动了社会思想的活跃，巴贝夫秘密团体、勃朗基主义者组织起来。但不久，这些先进的团体和组织遭遇挫折，革命由此而进入低潮。

看着眼前发生的这一切，雨果在他的短篇小说《克洛德·格》中写道，"法国叫共和国也罢，叫王国也罢，反正总是人民受苦受难，这是明摆着的。"雨果告诉那些"政治家们"，苦役犯和娼妓越来越多，是源于社会的不公平，是贫困把人们驱上了犯罪的道路，是贫穷把人们推向淫乱的深渊。他呼吁，废掉死刑！

《克洛德·格》于1834年发表。这篇小说观点更加鲜明，坚决反对贫富不均的社会，同情工人阶级的苦难，幻想通过改革减轻工人的痛苦。他对七月王朝的执政提出了严正的抗议。

在这种严酷的政治形势下，进步的浪漫主义作家和现实派作家都在探求社会的崇高理想。这时的雨果很欣赏圣西门关于建立有"牛顿式人物会议"，即由科学、工业、艺术方面的优秀分子组成的"贤者会议"，希望由会议来领导未来的国家。

雨果认为诗人是要参与国家大事的，是要发挥一个政论家的作用的。但他不愿受到各种政治主张的束缚，要置身于各种政党之外。他相信，人民的处境在现行政治制度下也可以得到改善，只是必须让有才能、有文化素养的人参与国家大政。

当选法兰西学院院士 踏上政坛

在路易·菲利普时代，有两个政坛：一个是众议院，一个是参议院。雨果知道，众议院的选举办法是为有钱人设定的。若想进入参议院，必须进入法兰西学院，成为院士，这样才有机会被选为一个区域的代表参政。

1834年，雨果决定走法兰西学院这条路了。

法兰西学院一位老院士去世了，有了一个空缺，雨果申请加入。结果在1836年2月18日的选举中，雨果只得了两票，落选了。因为雨果的进步思想是很难得到学士院那些老派人物的认可的。

1834 年 9 月，雨果为妻子阿黛尔创作了《请送些百合花》。阿黛尔非常感动，她决心给丈夫更多的幸福和自由，夫妻之间的关系和好如初。这首诗被收入《暮歌集》，该诗集于 1835 年 10 月出版。

1837 年 2 月 20 日，欧仁在疯人院里死去。雨果失去了自己最亲近的人。童年时他们一起成长，一起上学读书，一起写剧本、写诗。如今，他只有用诗来表达自己痛苦的心情。他把悼念二哥的诗歌，收在了他的《心声集》中。《心声集》于 1837 年出版。

1837 年夏，雨果应邀参加国王举办的凡尔赛大型宴会，庆贺国王的太子奥尔良公爵与麦克伦堡的爱莱娜公主结婚。大仲马也被邀请。两人相约穿着国民卫队的制服，共同赴宴。

这是一个有 1500 人参加的宴会，雨果被安排在奥尔良公爵夫妇一桌。公主特别崇拜雨果，她能背诵好多雨果的诗。

婚宴 3 周后，雨果得到了一枚奥尔良公爵赏给他的最高荣誉团勋章。公爵夫妇还送给他一幅绘画。雨果从此成为他们的朋友。

1837 年 10 月，雨果为了逃避凡俗的社会，独自一人前往巴黎南郊风景优美的碧野浮山谷。在这里，他沉思着，感受人类生命在大自然面前的渺小和短暂，他渐渐把自己幻化成了奥林匹欧这个半人半神的悲情形象。完成了叙事诗《奥林匹欧的悲哀》。

我们的激动人心的梦，思想和欲望，

将有别人走过，但永远不会结束。

这是一首充满哀愁的叹息。这首诗被收录 1840 年 5 月发表的《光影集》诗集中。《光影集》于 1840 年出版。

雨果和大仲马因为参加王室的聚会关系好了起来，他俩想建一个新剧院，有一个宣传新文学、新思想的阵地。有了太子的关系，剧场获准开业了。新建的剧院名字为"复兴剧院"。

雨果为即将开张的"复兴剧院"写了一部诗剧《吕依·布拉斯》。讲的是仆人吕依聪明勇敢，才智过人，因一个偶然的机会参加了国家的政务活动，爱上了王后。他扶摇直上，权倾一时，心中只有未来。最终，他难逃一死。该剧在 1838 年 11 月初演，还算成功。

第二天，报纸上有文章对《吕依·布拉斯》进行攻击，尽管有朋友们的鼎力相助，但仍难敌对方猛烈的攻击。雨果大失所望，他悲哀地感到浪漫主义戏剧的激情时代已经不在了。

《吕依·布拉斯》是雨果 30 年代创作的一系列剧作中的最后一部。是浪漫主义组曲的最后一个乐章。这部作品得到后来人艾米尔·左拉的赞誉："在雨果的全部剧作中，《吕依·布拉斯》最适合搬上舞台，有人情味，有浓郁的生活气息。《吕依·布拉斯》中的诗句是我们诗坛上不朽的光荣。"

此后，雨果有好几年没有写戏剧作品。他参选法兰西学院院士已经连续 4 次落选。

1840 年 6 月 7 日，法兰西学院又出现一个空缺，一位狂热维护"旧制度"的院士奈波穆桑·莱梅塞病故。1841 年 1 月 7 日雨果再次参加竞选。巴尔扎克也提出了加入学士院的申请，他看雨果参加竞选，就主动撤销申请，他希望雨果这次能够成功。奥尔良公爵夫妇也在关注雨果的竞选。

雨果的演讲获得成功，他以超越政治和文学的角度，提出了具有启蒙性质的纲领。因为他清楚反叛者是无法进入学院的。竞选结果，雨果得到了大多数的选票，竞选成功！

雨果终于当上了法兰西学院院士。从此，他踏上了政治讲坛，他要用法律和教育改变人的精神状态，改变社会风尚。他开始了新的生活和新的追求。

7. 创作进入低潮（1840—1847）

1840 年以后，雨果的创作进入低潮。雨果在思想上，一方面同情人民的苦难，一方面对七月王朝存在幻想。他错误地认为七月王朝的统治是不可避免的，转而同它妥协，希图寻找资产阶级民主政体与君主政体相结合的政治制度，他在演说中表示拥护君主立宪政体。1843 年，他写的剧本《城堡里的伯爵》首演时被观众喝倒彩，遭到了失败。他想创立一种既雄心勃勃又平民化的戏剧风格的愿望破灭了。这一年，雨果的大女儿与她的丈夫在塞纳河不幸溺水身亡。远在他乡的雨果 5 天后才在报纸上看到消息，这是雨果生命中一段悲伤绝望的时期。

《城堡里的伯爵》演出失败　浪漫主义戏剧衰败

从 1838 年开始，雨果每个夏天都与朱丽特来莱茵河度假，至今已经来 3 次。每次旅行，他的旅游日记上都写满了札记。他把这些本子寄给阿黛尔，让妻子保留好。这些散的作品在 1842 年被收入《莱茵河游记》出版。

《莱茵河游记》记载着莱茵河的传说，莱茵河的现状，还有对莱茵河历史的追述和思考。莱茵河属于法国，也属于德国，在德法边境等问题上，雨果似乎在寻找身为作家、法兰西院士要切入的公共事物中去，在其中发表了一些政论。

1842 年，雨果的朋友和保护人、王位的继承人奥尔良公爵因车祸身亡。

雨果痛苦到了极点。

此时，莱茵河的遗迹让他浮想联翩，特别是河边上的古城堡遗址。他站在古城堡上，一个传奇人物在他脑中复活了。这就是《城堡里的伯爵》。

雨果将剧本交给了法兰西剧院，这时的浪漫主义戏剧已经不占主流了。1843年3月7日，《城堡里的伯爵》首演并不成功。雨果自认为杰出的剧本，却缺少了旺盛的斗志和民主的精神。尽管剧本语言优美、人物形象高大，但台词冗长、情节离奇和人物怪诞，导致演出时场内嘘声四起，演出失败。雨果发誓不再写剧本了。这一天成了浪漫主义戏剧的衰败日，标志着浪漫主义戏剧退出了历史舞台。

痛失爱女

雨果心情很沉重，他决定去西班牙旅行，边境小城巴荣纳和那个童年时代的女孩一直藏在他心中一个角落。7月，他和朱丽特来到这个1811年他曾住过的房子跟前，可是一切都变了，那个女孩没有出现。诗人久久地站立，童年的往事奔涌而来，他感觉妈妈就在自己的身边，有妈妈的日子是幸福的。9月上旬，游历了大半个西班牙的名川和村庄的雨果来到了罗什福尔。在一家咖啡馆，雨果看到了一张《世纪报》，一个标题震慑住了他："名诗人之女遇难"。

9月4日，雨果的长女列奥波尔季娜和丈夫沙尔乘一条小帆船出海游玩，突然海上刮起了大风，海浪凶猛。小船进水了，接着就翻了。列奥波尔季娜不会游泳，她抓住船舷昏了过去。沙尔赶来救她，却怎样也拉不开她的手。沙尔耗尽了体力，也无济于事。沙尔放弃了生还的机会，他抱着妻子两人一起沉入海底。

雨果强忍悲痛，写信安慰妻子，让妻子挺住。他马上返回了巴黎。

王宫广场雨果家正在办丧事。阿黛尔哭干了眼泪，目光呆滞地抚摸着女儿的一绺头发，雨果伤心地坐着，仿佛老了 10 岁。富歇心疼着女儿阿黛尔，看着外孙女的画像，他面如死灰。全家上下沉浸在悲伤之中。

这对恩爱的夫妻，被合葬在教堂附近的公墓里。

爱女的死亡，雨果受到了极大的刺激，他的身体有一种被掏空的感觉，他经常到女儿的墓地里去悼念。9 月 4 日，成了雨果心中永远的忌日，每到这一天，雨果都会写诗怀念自己的女儿。

啊，我纯真的天使！

那一天你是何等兴奋……

但这一切都永远消失，

像风，像午夜的梦幻！

女儿的意外，让雨果内心深深自责，因为当时他正与情人在国外旅行呢。他对上帝说："我灵魂的困扰总是如此强烈，我的心顺服，却不肯无动于衷。"无动于衷，意味着逆来顺受、听天由命、默默承受。雨果悲伤的心情、悲声的抱怨在向上帝诉说，他的悲凉覆盖了他的全部生活，他所处的逆境白昼如同黑夜一般。

日子一天天地过去，雨果的生活也渐渐恢复了常态，况且他还担任法兰西学院执行主席的职务。他要在学士院的典礼上发表演讲，要对参选学士院的人进行评价，还要对新入选的院士致贺词。

雨果有着超凡的判断力，他对巴尔扎克、大仲马和维尼非常看好，希望他们都能入选院士，尽管他们都与雨果有过冲突。雨果的豁达还表现在对圣佩韦入选院士的态度上，在开幕词中，雨果充分肯定了圣佩韦的功绩和才华。这令圣佩韦感激不尽，两人的关系又有了接续。

法兰西学院的院士是身穿绿色礼服的，法兰西贵族院议员是黄色朝服。国王路易·菲利普知道民众对自己的评价，他千方百计地讨好雨果，向雨果谈论自己的志向和愿望，希望雨果通过报纸等宣传渠道为他正名。

1845 年，法国国王路易·菲利普颁布诏书，授予雨果为"法兰西贵族"的称号，授其法国贵族子爵爵位。雨果身上又增加了高级贵族议员的职责，他没有时间写作了。报纸上出现了许多的讽刺诗和漫画，嘲讽雨果：维克多·雨果死了，他的才华已经干涸。雨果子爵万岁！

从 1841 年至 1848 年间，雨果投身到政治活动中多了，创作中的斗争热情减弱了。当上法兰西学院院士、子爵和贵族院议员后，他常常出席各种会议、参加各种晚宴，还要去看杜伊勒里宫的演出，他过起了豪华显贵的生活。其实他的内心矛盾重重，他的政治观点始终在君主立宪制和共和制之间徘徊。

1847 年 6 月 14 日，雨果在贵族院发表演讲，为移居国外的政治侨民和被放逐的波拿巴王室辩护，支持他们回国的申请。他指出现在的危险不是来自这些亲王，而是众多的劳动阶级。他向政府敲起了警钟，不能让人民受苦受难！不能让人民挨饿！危险在这里！

雨果在文坛上沉默了，他将近 10 年没有发表文学作品。

8. 走向共和（1848—1851）

二月革命——法兰西第二共和国建立

路易·菲利普执政的 18 年，国家的政体被金融资本家和贵族控制，人民仍生活在贫困之中。国内改革的呼声一阵强势一阵，自由党人和共和党人要求改革选举制度，革命的进步力量正在积蓄，一些进步的团体正在加紧行动，巴黎的革命势必到来。

1848 年 2 月 22 日，法国爆发了二月革命，它震撼了整个欧洲。

22 日，工人和学生冒雨走上街头，高喊着"打倒基佐！打倒拉菲德王朝！"冲向首相基佐住宅。23 日，起义群众同政府军进行激战，工人阶级拿起了武器，成为革命队伍中的主力军。他们高唱着《马赛曲》，构筑了 2000 个街垒，夺取了所有的兵营和武器库。各行各业的人们都参与到起义的队伍中来，街上挤满了人，"公民们，拿起武器"的声音响彻上空。国民卫队奉命恢复秩序，他们反而投向革命的群众队伍。

路易·菲利普感到局势严重，下令把基佐免职，授命莫尔伯爵组阁，以内阁交替转移起义者视线作为缓兵之计，以保全王位。

雨果和激昂的人们走在街头、走向市政厅大楼。子弹呼啸着，队伍全然不惧，人民占领了政府。路易·菲利普吓得从王宫的地道逃出巴黎。人民焚烧了国王宝座，推翻了"七月王朝"，二月革命胜利了。

第二天，2 月 25 日，雨果又来到市政厅大楼，新的临时政府在开会，政府首脑是著名的诗人、雨果的老朋友拉马丁。临时政府宣布成立共和国，即法兰西第二共和国。雨果被选为国民立宪会议代表。

雨果对这个职位很自豪。他承认共和国，愿意为共和国服务，他希望这是一个各阶级和平共处的共和国，是按照民主原则建立的、维护自由反对篡权和暴力、允许每个人的自由发展的文明的共和国。由于雨果没有参加任何党派，他的言论在议会上没有多大的影响力。

六月起义——无产阶级与资产阶级的第一次战斗

巴黎工人骚动起来。1848 年 5 月 15 日，20 万人的游行队伍涌向正在举行会议的波旁宫。工人领袖拉斯佩尔、布朗基和巴贝斯登上讲台发表演讲，他们要求采取重大改革措施：向百万富翁的资产征税！救济业主者！

对政府实行监督！支援欧洲各国起义的人民！

右派和温和派极为愤怒和惊恐，共和政府调动了军队。几个小时后，巴贝斯和拉斯佩尔被捕，过了两天，布朗基也被捕。爱好和平的共和国，把枪口对准了那些曾在街垒里共同战斗的人们。革命俱乐部被查封，群众集会遭到禁止，政府还准备关闭革命后为安置失业者而成立的国民工场。国民议会的代表之间发生了争执，但大多数人都一致主张关闭工厂。雨果非常着急，6 月 20 日，他发表讲话，认为共和国面临危险，工人生活贫困，整个法国处在灾难的边缘。他向思想家、民主派、社会主义者呼吁，敦请政治家关心民众，使各阶级和睦相处。

6 月 23 日，巴黎街头遍布街垒，红旗在街垒上飘扬，一场民众的起义在即。

国民议会中有 503 人赞成对起义采取镇压手段，有 34 人反对，雨果是其中之一。雨果坚决反对共和国对民众开枪，反对自相残杀。雨果和共和国的几位代表同街垒起义的战士谈判，劝说起义者们放下武器。然而这一切都是徒劳的。

6 月 24 日，起义爆发了。共和国议会授权卡芬雅克将军集合大批政府军，用重型大炮对工人的起义实施了残酷轰炸，6 倍于起义工人的政府军队和别动队镇压了这次起义。

巴黎城实施戒严，警察枪杀起义者，搜捕 25000 人，其中有 3500 人未经审讯即被流放。

雨果目睹了共和主义的英雄同人民群众一起坚持四天四夜巷战的场面。他挺身而出为那些失败的起义者执言，他要在"用自身保护所有将被牢门大口吞噬的人们"。在他的营救下，有些人未被处死和流放。

这次革命风暴把自由资产阶级和小资产阶级激进派吓坏了。正当他们急剧地向右转，哲学界和文学界又出现了一批替资产阶级辩护的辩护士。

在这紧要的关头，雨果大义凛然，坚决站在广大工人群众一边，英勇地捍卫法兰西共和国，成了一个坚定的共和主义者。

1848 年 8 月 1 日，雨果在国民议会上发表长篇讲话，反对卡芬雅克逮捕作家，维护出版自由。这一天，雨果创办的《时事报》创刊号出版。报纸的题词是：憎恨无法无天，深切热爱民众。这份报纸表达了他的思想和政治观点。

9 月 2 日，雨果发言反对政府发布特别戒严令，指责卡芬雅克借机在国内建立军事独裁统治。9 月 15 日，雨果在一篇讲话中要求取消死刑。

路易·拿破仑·波拿巴上台

共和国总统选举在即，人们都在关注这件事情，雨果也在关注这件大事情。无论是卡芬雅克或拉马丁上台，都会有负众望。雨果要找一个有民主观点，还要在全国享有威望的人来抗衡卡芬雅克这个刽子手当选。

路易·拿破仑·波拿巴是拿破仑一世的侄子，第一帝国崩溃后长期流亡国外，1848 年二月革命后回国。1848 年 5 月的候选，他和雨果同时进入国民议会。

雨果初次与路易·波拿巴见面是在一次外交宴会上。有人向雨果介绍一个中等身材、举止文雅的中年人，这人面色苍白，脸庞消瘦，高颧骨，鼻子又大又长，窄窄的额头上，总挂着一绺头发。他不爱说话，说话时也不看对方。雨果感觉他缺乏自信。

1848 年 10 月末，路易·拿破仑·波拿巴已经被提名为总统候选人。他来到奥维涅钟楼街雨果的新居，对雨果说："人家说我想步拿破仑的后尘！功名心重的人可以把这两个人奉为楷模，一个是拿破仑，一个是华盛顿。现在我们是共和国，我算不上伟人，不会去效仿拿破仑，但我是个正人君子，我要把华盛顿奉为楷模。"最后，他态度端正地强调说："我是一个追求自由民主的人。"正是这句话深深地打动了雨果，他对来访者产生了信任。

这次会晤之后，《时事报》开始对路易·拿破仑·波拿巴进行竞选宣传。10月28日，《时事报》刊载了一篇重要的文章，对竞选总统的3个人进行评价。对卡芬雅克先生的评价是：人们怕他；对拉马丁先生的评价是：人们爱他；而对路易·拿破仑·波拿巴的评价是：人们期待他。

雨果在国民议会里为路易·拿破仑·波拿巴当选总统积极奔走进行宣讲。在总统选举中，路易·拿破仑·波拿巴得了550万票，卡芬雅克则得了150万票，而拉马丁只得了1.794万票。结果，路易·拿破仑·波拿巴顺利当选。

1848年12月20日，路易·拿破仑·波拿巴就任共和国总统，他向国民议会制定的共和国宪法宣誓就职。

决裂

雨果经历了1848年的二月革命，5月15日人民的大游行，六月起义以及共和国总统的竞选。现在他置身在国民会议中，感到一股凉气逼人。那些在王朝时期的当权者现在又成了共和国国民议会的头目。王位没有了，但议会的席位上坐着御前大臣，还有贵族院议员、将军、金融家。革命并没有把那些保皇派、奥尔良派、教会教徒等的势力消灭。他们正把法国推向深渊。

工人阶级领袖拉斯佩尔、布朗基等在5月15日事变和六月街垒战之后被投入监狱或被流放。雨果看到这一切，他在日记中写下这样一句话："二月革命的主张一个个都成了问题，失望的1849同1848背道而驰了。"

1849 年路易·拿破仑·波拿巴派兵进攻罗马，推翻新成立的意大利共和国而恢复罗马教皇职权。共和国的法国成了革命的掘墓人，雨果不满他的这种行为，成为他的反对派。

1849 年 5 月，立法会议议员选举，雨果当选为议员。大多的席位被反动分子占据，左派的席位也有增加。在议会里，议员们对路易·波拿巴应罗马教皇之请派兵罗马镇压革命感到忧虑。6 月 11 日，共和派左翼赖德律·罗伦对总统和部长提出弹劾，认为进犯罗马共和国严重违反了共和国的宪法，可以说也是对法兰西共和国的进犯。雨果及左派议员支持这一弹劾案，但由于反动议员人数居多，此提议被他们轻易地否决了。

第二天，巴黎举行了 3 万人的示威游行，他们高喊着"宪法万岁"的口号，抗议法国军队出征罗马。政府军队在此将枪口对准了游行队伍。雨果震惊了，这是用暴力对待正义，是对法律的践踏，是没有人权的社会。

这次游行示威是由左派议员发起的，因脱离了人民，没有成为群众运动。巴黎再度宣布戒严，参加游行的国民卫队成员被遣散，一些议员和工人联合会会员被逮捕，赖德律·罗伦移居国外。在议会里，左派的发言常常被打断，雨果不能再沉默下去了，他要发声，为了那些苦难的人们。

1849 年 7 月 9 日，雨果把自己亲眼看到的贫民窟现状在议会上披露。他说："贫困是社会的一种可怕的病症，是完全可以消灭的。"他谈到了一位饿死的作家，谈到了居住在臭水坑边的破房子里的贫民，他还谈到霍乱流行期间一位母亲带着 4 个孩子在垃圾堆上找吃的，他痛斥掌权者"人民在受苦，那是因为你们一点办法也不想"。

1849 年 8 月 21 日，世界和平大会在巴黎召开。雨果被选为大会主席。雨果在开幕式上做了发言，各国记者们在记录着：

"总有一天枪炮会成为博物馆里的陈列品……"但是政治家反对和平，这用数据可以证明。"诸位先生，欧洲的和平局面已经持续了 32 年了，但这些年间，有 1280 亿法郎花在和平时期的备战开支上……""请把这用于备战的 1280 亿法郎花在和平事业上吧！花在劳动、教育、工业、商业、水运、农业、科学和艺术事业上……一定会使世界面貌大为改观……到那时，贫困一定会销声匿迹！"

和平大会开过了，仍看不到和平的局面。

国民议会还在辩论出兵罗马的问题，雨果要求尽快从意大利撤军。

1850 年，由国民议会多数派指定的委员会制定了关于取消普遍选举法的法律草案，并于 5 月 31 日在国民议会通过。这项免去了 400 万工人和知识分子的选举权的法律，附和着贵族的利益，雨果和少数人投票反对无济于事。

雨果仍在孤军奋战，他反对路易·拿破仑·波拿巴修改宪法并延长总统任期的草案，反对流放政治犯的法案。他主办的报纸也在不断地谴责总统，抨击总统身边的顾问和议员。雨果的两个儿子因刊登反对死刑和反对取消避难权的文章被政府逮捕，分别被监禁 6 个月和 9 个月。

群众的疾风暴雨式的起义斗争教育了雨果，国民议会里的各种政治嘴脸让雨果在政治上经历了人生的一个重要阶段，他转变了思想，从自由主义、君主立宪的立场转向民主主义的左派立场、共和主义者的立场上，他与路易·拿破仑·波拿巴关系也走到了破裂的边上。

路易·拿破仑·波拿巴恢复帝国

1851 年 12 月 2 日早上 8 点，国民议会议员维尔西尼神色慌张地来到雨果家。他带来了一条消息：路易·拿破仑·波拿巴及其同谋要恢复帝制，已经发动政变夺取政权了。昨天晚上总统的部队占领了国民议会，抓走了许多议员、将军和部长。巴黎的墙上到处贴着宣布武装政变的传单和布告，宣布解散国民议会和参议院，建立法兰西第二帝国，自称拿破仑三世。他通知雨果，国民议会中的左翼议员决定开会，请雨果参加。雨果连忙穿上外衣走出家门赶赴会议地点布朗什街70号。

雨果和共和派左翼演说家米歇尔·德·布尔日、博丹等人开始研究对策，大家一致决定组织人们游行或拿起武器抵抗政变。雨果义无反顾地参加了共和党人组织的反政变起义。

雨果等人走上街头，就看见几辆炮车开过来了，街上已经响起了枪声，街上空荡荡的。雨果在和同事们见面时，得到确切消息，有220名议员被捕。因雨果没有在院里，侥幸未被抓捕。

雨果起草了一份告国民书，在中午的时候贴在了街头：

告国民书

维护宪法要依靠法国公民的爱国主义精神，

路易·波拿巴上台是非法的，

取消特别戒严，

恢复普遍选举权，

共和国万岁！拿起武器！

——议员雨果

政府也在城中贴出了通告：

武装部长根据特别戒严法，特决定：

凡佩带武器，于建造或固守街垒时被捕获者，格杀勿论。

12月10日晨，抵抗委员会收到了大仲马写来的一封信。

"当局对扣押或击毙雨果的人，奖以25800法郎，你们若知道他在哪里，告诉他千万不要外出。"

雨果还在忙碌着。圣马丁和圣德尼大街上正在修筑街垒，起义者已经筹集了一些枪支，作家、学生都在准备战斗。巴黎市中心和各条马路上都布满了街垒，一片寂静。政府军的大屠杀开始了，军队的枪口不仅指向街垒，还对手无寸铁的人们疯狂扫射。在血腥的混战中，雨果和大家一起战斗，他的外套被子弹打了 3 个窟窿。由于政府军的强烈炮火，自由党人和平民的抵抗被残酷地镇压下去了。

12 月 4 日这一天，许多在街垒里战斗的人牺牲了。有 320 名被俘的起义者在午夜被集体枪杀，无一幸免。接下来疯狂的大搜捕又开始了。

爱丽舍宫的机关报登载通缉雨果的消息："维克多·雨果先生号召人们掠夺、杀人。"雨果的家被搜查多次，巴黎街道戒备森严。雨果在朋友的帮助下，躲过了这场大劫难。后来，朱丽特用朋友的身份为雨果办理了去比利时的护照。12 月 11 日，雨果乔装改扮拿着护照和一张去布鲁塞尔的火车票离开了巴黎，开始了漫长而艰难的流亡生涯。

9. 流亡生涯 创作高峰期（1851—1870）

布鲁塞尔

雨果来到了布鲁塞尔，在一家简陋的客栈里住下。房间里有一张书桌、一个窄窄的铁床、两把桔梗编的椅子。他给妻子阿黛尔写信，告诉自己的居住地和化名。

妻子见信后，悬着的心终于放下了，她告诉雨果，家中一切都好，全家支持雨果的正义之举。

雨果坐在书桌前，他双眉紧锁，目光如炬，嘴唇紧闭，憎恨、坚定、凝思的神情全部呈现在他的脸上。他奋笔疾书，每天写作 10—12 小时，写下了法国十二月政变的全部经过，对独裁者大张挞伐。这就是著名的《一桩罪行的始末》的初稿。

朱丽特在 12 月 14 日来到了布鲁塞尔，带来了雨果的全部手稿。她住在离雨果的住处不远处，默默地支持他。雨果的大儿子查理监禁期满也来到雨果的身边。一些流亡者也陆续来到比利时。大仲马也经常来比利时，他带来了法国最新的国内动向。阿黛尔通过信件把巴黎的情况及时汇报给丈夫。告诉丈夫，有一些忠诚的朋友经常来看自己，打听雨果的情况。他们对雨果的政治觉悟和英雄胆略大加赞叹，自己也为丈夫的见解和反抗感到自豪。雨果感到无比欣慰，有人民的支持，他将一往无前。

雨果的《一桩罪行的始末》，篇幅太大，没有出版商肯出版。雨果开始写小册子《小拿破仑》。在这本书中，他要揭露路易·波拿巴和他的走狗们对法国人民犯下的罪行，他要号召人们抗争，进行革命的反击。

7 月 25 日，《小拿破仑》一书在英国伦敦开始印刷，8 月开始发行。消息传出，路易·拿破仑·波拿巴致函比利时国王，对比利时政府收留法国政府的敌人表示不满。比利时政府通知雨果，要求他在 3 个月内离开此地。雨果决定迁居泽西岛。泽西岛是英吉利海峡群岛中最大的最南端的一个岛屿，是英国的保护地。

7 月 31 日，天下着大雨，雨果带着儿子查理登上了驶往伦敦的船，布鲁塞尔的朋友们为他送行。所有的流亡者都来了，岸上站满了人，大仲马也在人群中。人们高呼："维克多·雨果万岁！"雨果的泪水任其流淌，他喊了一声："共和国万岁！"人群爆发出一片欢呼声！船驶出港口很远，人们还在雨中挥手。

泽西岛

1852 年 8 月，雨果夫人阿黛尔变卖了家产，带着女儿小阿黛尔和奥古斯特·瓦凯里（长女丈夫的哥哥）来到了泽西岛。两天后，雨果和大儿子查理也到了。最后小儿子弗朗索瓦也来了，一家人终于团聚了。

他们一家在海边租了一个白色房子。阳台对着大海，院子里有花园和菜园。女儿小阿黛尔每天弹钢琴，写日记；大儿子查理写小说；小儿子弗朗索瓦研究泽西岛史，翻译莎士比亚作品；雨果夫人阿黛尔开始写丈夫的经历。

朱丽特也来到了泽西岛，雨果为他找了一座独家小院。

海边，人们经常看到雨果在漫步、沉思。这个秋天，他写了大量的充满号召力的豪放的诗歌。如《这时黑夜》《皇袍》《四月晚上的回忆》等。在诗中，他痛斥法兰西的刽子手，出卖灵魂的功利的卑鄙小丑，痛斥带着皇冠的篡位者路易·拿破仑·波拿巴。他把这些诗歌收入《惩罚集》中。

《惩罚集》是雨果著名的政治讽刺诗集，是雨果诗歌创作的最重大的成就。诗人运用了现实主义和浪漫主义紧密结合的创作手法，将崇高激情和英雄气概在讽刺和嘲讽中释放出一种排山倒海的气势。诗集的每章配有拿破仑三世的一则施政纲领条文，并加以讽刺，揭露和抨击拿破仑三世的独裁统治。

1853 年 11 月，《惩罚集》在布鲁塞尔和伦敦同时出版。

泽西岛上有很多的流亡者，他们的生活过得很艰辛。雨果将自己的稿费拿出来接济大家。他还组织成立了户主储金会，希望流亡者能团结起来。实际上，这些流亡者不都是共和主义者，成分很杂，甚至还有路易·拿破仑·波拿巴的探子。

1852 年，法国政府宣布：对于流亡者，只要他们保证不采取任何行动反对国家当选人，便允许回国，不予追究。雨果不为政府所诱惑，他坚决不求和，他写下了《最后的话》："如果只剩下一个人，我就是那最后一个！"表达了自己同拿破仑三世斗争到底的决心。

雨果关心所有贫苦人民的生存状态，他的人道主义思想遍布他所能关注到的地方。

1854年2月11日，雨果发表了致英国政治家帕麦斯顿勋爵的一封公开信，对盖纳西岛上的一桩死刑案提出抗议，获得了许多国家报纸舆论的支持。

1854年的9月27日和11月29日，雨果两次就克里米亚战争问题发表讲话。他呼吁不要战争，反对法国与英国卷入克里米亚战争，让欧洲属于各国人民。

雨果的频频发声，让英国议会大为不安。

1855年4月，雨果与这些人的冲突更加尖锐。拿破仑三世来英国访问，在国境线的墙面有这样的标语："你来此有何贵干？……你打算来糟蹋谁？是英国的百姓还是法国的流亡者？"1855年10月，维多利亚女王回访法国，在流亡者办的《人报》上有这样一封公开信："为了爱上这位盟友，您牺牲了一切……"泽西岛上的当权者下令将报纸编辑人员和撰稿者驱逐出境，雨果在最后一期的《人报》上发表了公开信，对专制暴君的作为表示抗议。

1855年10月27日，警察送来了一份通知，并告知：

奉行政长官之命，您不得继续在本岛逗留，限11月4日前离境。

10月31日，雨果带着小儿子离开了泽西岛，前往英属地盖纳西岛。随后，阿黛尔与家人带着雨果的手稿赶赴盖纳西岛。

盖纳西岛

盖纳西岛自古以来就是流放地。雨果乘坐的船刚到岸，就看到港口码头上站满了欢迎的人群。天下着雨，雨果心情激动，眼含泪水。他穿过人群时，人们向这位流亡作家脱帽致敬。

雨果一家租了一幢三层楼的木房子，房子建在悬崖上。下面是港口，各国的国旗飘扬，船桅林立。在这里极目远眺，茫茫大海，英吉利海峡群岛隐约可见。雨果在这里一直住到 1870 年，其间，他写下了大量的杰出的作品。

诗歌作品有：

1856 年 4 月，《静观集》出版了。《静观集》是一部抒情诗集，有爱情诗、哲理诗、田园诗等。分为两卷，上卷收入了 1831—1843 年间的一些诗作，下卷收入了 1843—1856 年间的作品。诗中咏叹童年、爱情，抒发失去爱女的悲痛和哲理沉思，这是雨果抒情诗的高峰。

诗集一问世，很快售罄，受到了广大读者的热烈欢迎。《静观集》给雨果带来了声誉，也给雨果带来的巨大的经济收益。雨果购买了租住的房子，并对房子进行了全面的改造，这座房子被取名为"上城别墅"。雨果准备在这里接待巴黎来的友人，想和远方的朋友们近距离地交谈。

《静观集》的成功，远在巴黎的朋友们纷纷给雨果来信表示祝贺，这里有大仲马、乔治·桑等。"上城别墅"成了作家、历史学家、政治家们来信讨论和通报最新动态、介绍自己作品的地方。有历史学家米士勒的论宗教战争的巨作，拉马丁的《文学教程》，福楼拜的《包法利夫人》，波德莱尔的《恶之花》。雨果在这里和大家探讨着真理与道德、文学与艺术。

雨果又开始了史诗《历代传说》的写作。《历代传说》共分三卷，它是一部宏伟的史诗巨著，它在雨果的诗歌创作中占有特别重要的地位，也是法国文学史上主要的史诗作品。雨果以圣经故事、古代神话和民间传说为题材，阐明人类从黑暗走向光明的哲学观点。第一卷写于 1857—1859 年，于 1859 年 9 月发表。第二卷和第三卷分别在 1877 年、1883 年出版。

1865 年出版了诗集《街头与森林之歌》。

小说作品有：

1862 年出版的《悲惨世界》十卷本。

1866 年出版的《海上劳工》，描写一个具有英雄气概的劳动者同大自然进行惊心动魄的斗争的故事。

1869 年出版的《笑面人》，表现 17 世纪末 18 世纪初英国宫廷内部的斗争和尖锐的社会矛盾。

1864 年，雨果出版了文艺批评专著《莎士比亚论》。

这期间，雨果的创作在思想和艺术方面取得了更高的成就，他深刻地认识到作家的神圣职责是为人民大众服务的。

流亡者的人道主义情怀

1859 年 5 月，雨果夫人阿黛尔带着女儿，由大儿子查理陪同前往伦敦治病，顺便散散心。长期的岛上生活，女儿感到特别孤独。阿黛尔患神经痛和风湿病。雨果明白，家人因为自己不得不远离巴黎，来到这孤岛上度日，他们应该有自己的生活。自己也思念故土，但自己不能回去，不能向暴君低头。后来，阿黛尔大部分时间居住在巴黎，查理定居在布鲁塞尔街垒大街，阿黛尔轮流在女儿和儿子处居住。

1859 年，拿破仑三世下令大赦流亡的共和主义者，包括维克多·雨果。不少的共和党人回国了，但雨果拒绝返回法国。他对拿破仑三世政变的性质越来越清楚，他憎恨专制、暴虐行为，他决不向暴君妥协，要将流亡进行到底。

雨果在 1859 年 8 月 18 日的伦敦和布鲁塞尔的报纸上刊登了声明：

鉴于法国当前的局势，我的责任就是无条件地、不屈不挠地、永不停息地进行抗议。

我忠于对良知所承担的义务，我将坚持到底与自由一起流亡，自由返国之日，即是我的返国之时。

维克多·雨果

雨果这位共和主义战士，胸怀世界。1859年12月2日，他在报纸上发表了对美国政府司法当局的呼吁书，抗议美国司法当局对约翰·勃朗案的判决。约翰·勃朗是美国东部的普通农场主，他挺身反抗奴隶制度，决心解放黑人奴隶。他集合一些勇士进行这场战斗，他的两个儿子遇难，他受伤被俘。当雨果得知约翰·勃朗被绞死了，他给巴黎的《喧哗报》的信中写道，"约翰·勃朗扯去了帷幕，使人看到美国问题也同欧洲问题一样骇人听闻。"雨果决心同所有的黑暗势力做斗争。

1863年，拿破仑三世出兵墨西哥，计划消灭共和国，扶持傀儡当权，奴役墨西哥人民。雨果的信刊登在墨西哥普伟布拉的报纸上："同你们打仗的不是法国，而是帝国。我支持你们。我们都反对帝国……厮杀吧，战斗吧，坚持到底……我坚信，帝国的可耻企图不会得逞。"墨西哥人民英勇作战，赶走了外来侵略者，恢复了共和国。

在流放生活中，雨果的社会政治活动远远超出国境，他与全世界的人民同呼吸、共命运，他是世界上一切被压迫、被奴役人民的朋友。

1860年，英法联军侵入中国，强占北京，抢劫财宝，焚烧圆明园。雨果对这种强盗行为极为愤慨，他写信给英法联军的上尉布特勒，称英法联军是"两个强盗的结伙打劫"。

1863年，雨果发表宣言支持波兰人民反对沙皇俄国统治的起义斗争。

1867年11月24日，雨果向捍卫自由的波多黎各人民表示敬意。

1868年，雨果祝贺西班牙建立共和国，要求西班牙给古巴自由，反对在殖民地实行奴隶制度。

雨果还支持意大利反抗土耳其统治的正义斗争并为意大利的革命领导人募集基金。

雨果以一个抵抗战士和进步军人的角色参加了民主解放运动，他无论写诗还是讲话，在他心目中，人民是一个统一的不可分割的整体。独裁压迫者永远是自己战斗的敌人。

《悲惨世界》的诞生

1860 年 4 月 26 日，雨果打开了一个箱子，里面装有 1848 年以前写的书稿《苦难》。叙述的是 1832 年六月起义的一段真实故事。10 多年了，经历了那么多的重大政治事件和社会的动荡，他觉得有必要修改。特别是第三部分需要大改。马吕斯必须与自己有一样的生活经历，认识拿破仑要有三个阶段，保皇主义者、波拿巴主义者、共和主义者。雨果要把人民起义作为全书的核心和高潮，以便更好地体现这个世界的悲惨。同时，他又给主人公冉阿让的心灵注入了慈悲为怀、宽恕一切的思想。他在描写心灵之美，并借以表现社会底层的悲惨现实，是恐怖的地狱。他要让人们认识到驱散黑暗的时候到了。1861 年 7 月 30 日，雨果在滑铁卢战场写完了书稿最后一部分，把书名改为《悲惨世界》。

1862 年 4 月 3 日，《悲惨世界》第一卷问世，引起读者强烈的反响，人们争相购买，整个巴黎都在谈论书中的主人公的命运。

1863 年 6 月的一个早晨，《雨果夫人见证录》安静地放在桌上，这是阿黛尔 10 年来的辛苦的结晶。雨果一页页翻看这本记录他年轻时代的书，往事一幕幕浮现。现在书中的好多人都不在了，就是健在的人也都步履蹒跚、日薄西山了。

雨果的小儿子完成了莎士比亚作品法译本的巨作。雨果为其写序，写着写着竟写成了一本书《莎士比亚论》。该书发表于 1864 年，是一部文艺批评专著。

1865 年的春天，风浪特别大，他看着大海，心中的理想与严酷的现实一直敲打着他的心灵。他看到海员们撑着简陋的小船出海，为了生存，与海浪搏斗。雨果决定写一部小说，反映他们生活的艰辛，歌颂他们心灵的纯洁和善良，写他们同大自然进行的惊心动魄的斗争。书名为《海上劳工》，该书于 1866 年出版。

1868 年 8 月的一天，雨果和妻子阿黛尔在布鲁塞尔游览。25 日下午 3 点，阿黛尔心脏病突发，病情很严重。27 日，她离开了人世。雨果心情无比难受，他合上了妻子的眼睛。按照妻子的遗愿，将她安葬在长女身旁。这一天，雨果身穿黑礼服，将白雏菊放在妻子的灵柩上，他一路护送妻子的灵柩到法国的边境。由医生和朋友继续护送到墓地。雨果嘱咐在阿黛尔的墓碑上刻上这样一行字：

维克多·雨果亡妻

阿黛尔之墓

雨果返回书斋后，只能用写作来抵抗内心的悲伤。

1869 年，《笑面人》出版了。作品表现了 17 世纪末 18 世纪初英国宫廷内部的斗争和尖锐的社会矛盾。这是雨果流亡期间最富浪漫色彩的一部长篇小说。

1869 年 9 月 14 日，世界和平大会在洛桑开幕。雨果担任主席。雨果在大会上发言。他主张建立一个统一的爱好和平的欧洲国家：世界共和国。

会后，10 月 1 日，雨果前往布鲁塞尔，他已经有了孙子和孙女。雨果的两个儿子和他们的朋友们创办了《号召报》，办报的宗旨是为共和国、为民主而奋斗！雨果非常赞赏。

路易·拿破仑·波拿巴的宝座不稳了，人民反对的声音越来越大。他为了保住自己的王位，于 1869 年秋，对流亡政治犯又一次宣布大赦。雨果十分坚定，他要抵制到底。

11 月，雨果回到了盖纳西岛。巴黎传来消息：1869 年 11 月，共和党人在十二月街垒战中被打死的议员包丹墓前举行了示威，事变迫在眉睫。

12 月，查理因发表反对军国主义的文章被判处 3 个月监禁。雨果写信给儿子，肯定了他的做法。

1870 年 7 月 19 日，拿破仑三世向普鲁士宣战，普法战争爆发。战争原因是西班牙的王位继承问题。8 月 15 日，雨果全家来到了布鲁塞尔，他密切关注着这场战争，时刻准备为祖国效力。9 月 1 日，在色当战役中，法军战败。9 月 2 日，拿破仑三世率 8.3 万官兵向普军投降。在这场战役中，法军损失 10.4 万人，普军只损失了 9000 多人。

法军战败的消息传到巴黎，举国一片哗然。9 月 4 日晨，巴黎爆发了群众示威游行，当天帝国崩溃，掌握金融经济的大资产阶级趁机推翻法兰西第二帝国，成立法兰西第三共和国，组成以路易·朱尔·特罗胥将军为首的"国防政府"。

普鲁士当局决心将战争继续下去，派兵向巴黎进军。从此，普鲁士的自卫战争已转变为侵略战争。

雨果要维护新生的共和国政权，他要以高昂的爱国主义热情投入到反对普鲁士侵略的斗争中去。1870 年 9 月 5 日，下午 2 点 34 分，他买了布鲁塞尔去巴黎的火车票，从此结束了流亡海外 19 年的生活。

10. 返回祖国　以笔战斗的勇士（1870—1880）

此时，法国大地正遭受入侵者的践踏。车窗外，法国的士兵在溃败、在奔逃。在一个车站，几个士兵走进车厢。雨果向他们致意："法国军队万岁！"他们低垂着头，雨果不禁痛哭失声。

祖国越来越近了，雨果的心跳也越来越加剧了。站台上挤满了人，人们欢呼："维克多·雨果万岁！"伟大的流亡者雨果站在车站大楼的阳台上激动地讲话："我慷慨豁达的巴黎市民给了我难以形容的热情接待，我不知用什么言辞来表达我激动的心情。公民们，我曾经说过：'我要在共和国回来的那一天回国。'现在，我回来了……我回来是要履行我的天职……我要尽保卫巴黎、捍卫巴黎的责任……"

马车两边全是欢迎他的人群，雨果乘车到达住处弗洛绍大街走了两个小时。雨果说："这一个钟头可以抵偿我 20 年的流亡的痛苦。"

凶年岁月

几天来，雨果接待了数不清的来访者，有作家、记者、将军、官员等。莱昂·甘必大是一位部长，是共和国临时政府首脑特罗胥的副手。当年他为查理出庭辩护，是一个才华出众的年轻律师。他来到了雨果的住处，想请雨果到政府就任高职。可是雨果不愿意在政府担任职务，他要以自己的方式报效祖国。

普鲁士军队长驱直入，占领整个东北部并向巴黎推进。雨果在报纸上发表了一篇《向德国人民呼吁书》，想阻止战争的脚步。结果，巴黎的局势越来越紧张，雨果的呼吁没有起到作用。雨果决心以普通的国民卫队成员的身份去战斗，他要和士兵们一起奔赴子弹呼啸的战场。朋友们劝他说："您的讲话要比您的作战贡献更大。"雨果开始发表演说鼓舞人民斗志，号召巴黎的人民群众组织起来，拿起武器保卫祖国。雨果发表了《告法国人民书》：

专制主义正向自由进攻，德国正在侵犯法国，让我国大地上那仇恨的火焰把敌人大军像雪一样融化，让每一寸土地都牢记自己承担的责任。巴黎人民的自卫斗争必胜。大家都上前线去吧，公民们！

雨果用德语和法语印了许多警告普鲁士侵略军、鼓励人民踊跃参战的传单，给了人民以极大的鼓舞和支持。

几天来，城市的居民、农民、青年、老人自动拿起了武器，成立了一支 50 万人的志愿军，奔赴战场。

法国的外交部长秘密会见德国宰相俾斯麦，要向敌人求和。梯也尔代表政府与敌人秘密谈判。

敌军还是进入了法国的腹地，巴黎遭到了敌军炮火的轰击，人民失去了家园。保卫巴黎，保卫家园，巴黎各界人士纷纷解囊捐献，铸造大炮。雨果将《惩罚集》的新版稿费和演出收入全部捐献，购买了 3 门大炮。人们将其中的一门命名为"维克多·雨果"。

正当法国人民准备与敌人浴血奋战的时候，传来巴曾将军率部队在梅茨投降、政府首脑特罗胥在讨好德国的消息。以特罗胥为首的资产阶级的临时"国防政府"害怕武装起来的巴黎人民，他要压制人民群众的正义运动，谋求与普鲁士议和。挂着"国防"招牌的临时政府和敌人私订和约的叛卖行径激怒了工人群众。

10 月 30 日夜，左派共和党代表团的同事赶来告诉雨果，巴黎爆发了推翻临时政府的起义。国民卫队占据了市政厅，特罗胥被扣押。市政厅里共和党两派正在讨论哪方担任政府首脑时，特罗胥被军中的人释放。随即特罗胥逆袭成功，布朗基等许多左派领导和共和党人被投入监狱，政权又到了卖国政府手中。由于缺乏统一的领导以及明确的政治纲领和斗争策略，这次起义失败了。

1871 年 1 月，巴黎由于普鲁士军队的围困和商人的囤积居奇，物价飞涨。人民难以活命，巴黎的人民在这个冬季开始忍受饥饿。

1871 年 1 月 22 日，布朗基再次发动起义夺取政权，争取过来一部分国民卫队。由于没有群众的支持，这次起义又被资产阶级的反革命武装所挫败，雨果痛心疾首。

1871 年 1 月 28 日，卖国政府的外交部长儒勒·法弗在凡尔赛答应了德国俾斯麦提出的任何条件，签订了停战协定。29 日，双方宣布停战。由于和约条款需要国民议会批准，政府急忙筹备国民议会选举。

2 月 13 日，雨果作为巴黎代表携全家启程前往波尔多。国民会议在波尔多召开，因为那里远离巴黎。

16 日，雨果以得票第二位被选为国民议会成员，梯也尔担任了政府首脑。

在这场史无前例的国民议会上，各派别针锋相对，无奈左派共和党人只占少数。梯也尔批准了可耻的和约条件：法国赔款 50 亿法郎，并割让阿尔萨斯和洛林。

雨果在国民议会发表慷慨激昂的演说，他强烈抗议梯也尔政府把法国的阿尔萨斯省和洛林的一部分割给德国，反对不以巴黎作为首都而迁往凡尔赛的决定。

雨果抗议着，议会上一片嘈杂，盖住了诗人激昂的话语。

3 月 3 日，和约签订，普军撤出巴黎，政府宣布凡尔赛和巴黎特别戒严。他们怕的是人民，他们把专制的拳头对准了人民。

3 月 8 日，雨果为当选议员的意大利国籍的加里波第辩护。加里波第（1807—1882）不仅为意大利的民族独立而战，而且在普法战争中指挥志愿军的军团作战，卓有战功。而今天有人提议取消加里波第的选举权竟因为他是外国国籍，雨果愤怒了。雨果说加里波第是"唯一替法国奋战并且在这一战争中不败的将军"，雨果的抗议引来反动派的捣乱和侮辱，雨果愤而辞职，宣布退出国民议会。

　　雨果准备与家人回巴黎。13日，车票买好了，行李也打点好了。大家在一起准备吃最后一次午餐。这时发生了一件大事，雨果的大儿子查理在来的路上，因脑溢血死在马车里。

　　1871年3月17日晚上，雨果一家护卫着儿子的灵柩离开了波尔多。

　　3月18日，等候在奥尔良车站的朋友们迎接着雨果一家，并护送查理的灵柩去贝尔拉雪公墓。一路上送葬的人越来越多，人们向逝者的父亲投来关切的目光。到了墓地，在悼词声中，满头白发的雨果跪下身去吻儿子的棺木，白发人送黑发人。此情此景，让在场的人潸然泪下。雨果将儿子查理葬在了父亲雨果将军的墓旁。

　　葬礼过后，雨果带着朱丽特和孙子孙女等家人回到布鲁塞尔，处理查理的后事和遗产。

巴黎公社

　　法国的无产阶级在反革命的进攻面前奋起自卫，成立国民自卫军中央委员会。1871年3月18日，巴黎的革命群众举行了具有划时代意义的巴黎无产阶级起义。无产阶级掌握了政权，红旗在市政厅上空飘扬。领导起义的是国民卫队中央委员会，其成员大都是革命工人。

　　梯也尔等政府要员及政府军队匆匆逃往凡尔赛，是起义者放走了他们的敌人。

　　3月26日，巴黎进行了公社委员会的选举。委员会成员中有工人、职业革命家、知识分子等。3月28日，巴黎公社成立。

　　巴黎公社是第一个无产阶级政权的雏形，它是根据人们的意愿建立的新型国家。公社拥有立法权、行政权。人民武装保卫着新生政权。巴黎人民欢欣鼓舞，开始了新的生活。

雨果在布鲁塞尔通过报纸得知巴黎发生的这一切，他知道聚集在凡尔赛的梯也尔和大批的反动分子是不会善罢甘休的。他担心巴黎发生内讧。

巴黎公社和法国政府的矛盾最终变成了残酷的内战。梯也尔趁巴黎公社选举的时机，建立和武装了麦克马洪指挥的军队，这支普法战争中的败旅，如今的凡尔赛军，将炮口对着新生的政权。4月2日，梯也尔聚集4万军队对巴黎展开进攻，巴黎城一片火海。5月10日，在法兰克福，法国与普鲁士签订合约，割让阿尔萨斯和洛林，支付50亿法郎的战争赔款。作为交换，俾斯麦提前释放了10万被俘的法军帮助梯也尔向巴黎公社实施镇压。

波兰革命家、巴黎公社的将领董勃罗夫斯基指挥公社社员英勇地保卫巴黎。男人、妇女、儿童等所有人都拿起了武器。

5月21日，在国民自卫军疏忽的情况下，凡尔赛反革命军队与巴黎城内叛徒相策应，攻进巴黎市区。同时占据巴黎东部和北部炮台的普鲁士军队悍然不顾停战协定，为凡尔赛军放行。凡尔赛军到了东半部工人区后，遭遇顽强的抵抗。无产者的武装英勇地同反革命军展开巷战和街垒战。在历经8天的战斗后，最后一个街垒被攻破。起义失败后，公社社员遭到反革命军队的血腥屠杀。雨果竭尽全力声援予以保卫。反革命军队的疯狂屠杀，连儿童、妇女、老人也不放过，墙脚下尸体堆积如山。幸存的公社社员纷纷逃亡国外。

1871年5月26日，雨果在《比利时独立报》上发表一封公开信，让受迫害的公社社员到街垒广场4号他的家中避难。

当夜，雨果的家中受到了一伙暴徒的攻击。围攻者大叫："打死维克多·雨果！"暴徒用石头砸毁窗玻璃。雨果紧紧地抱着年幼的孙女，石块从头边飞过。施暴持续接近两个小时，他们企图用一根原木砸开房门，因为天快亮了才溜走。

比利时当局对雨果住宅遭到的袭击没做任何的调查，反而决定将雨果驱逐出境。

比利时当局的做法，引起了当地社会的强烈抗议，有几位比利时众议院的议员向雨果提供避难地点，雨果很感动。雨果在公开信中说："我仍然不愿把比利时人民与比利时政府混为一谈。同时我又把比利时政府给我的长期优待当作自己的荣幸，我将谅解政府，感谢人民。"

雨果决定到卢森堡去。他带着朱丽特、儿媳、两个孙儿来到了卢森堡的一个小镇。他决定再次写作。两个月来，他写的诗歌集成了《凶年集》，于1872年发表。这是一部诗体的编年史，记录着这一年来发生的事情。

晚年创作与多事之秋

1871年10月1日，雨果一家回到了巴黎，租住在拉罗什福科尔街66号的一套房子。这次回来，没有人迎接他，巴黎沉默了。

1872年是雨果生活中最灰暗的一年。

1872年1月7日，在议会的选举中，雨果落选。雨果知道政界的人痛恨他，政治沙龙的人在诽谤他。而另一个营垒的人对雨果也不太热情，在他们看来，这近一年里，雨果一直置身于斗争环境之外。

1872年2月，小阿黛尔被人送回了巴黎，回到父亲的身边。她因为爱情精神失常了。看着心爱的女儿，雨果想起了二哥欧仁，他们的病症是一样的，他的心情差到了极点。他把女儿安置在一家精神病院里接受治疗。

大女儿、查理离开人世了，小女儿病了，如今小儿子弗朗索瓦又得了肺结核。雨果想到弗朗索瓦陪着自己度过的流亡岁月，看着小儿子日益憔悴的面容，他那颗心苍老了。雨果想用写作来平复内心的创伤，可巴黎的骚动和喧嚣让他无法写作，他思念盖纳西岛了。

1872 年 8 月 7 日，雨果带着朱丽特、儿媳阿丽丝、小儿子弗朗索瓦及孙子孙女前往盖纳西岛。

雨果开始了创作，他要把这几年耽搁的时间找回来。朱丽特认真地帮助雨果誊抄书稿，

这里远离尘世，阿丽丝在这里住了 1 个月，感觉这样的生活很是单调，她带着两个孩子准备回国。病中的弗朗索瓦也要一起回去。10 月 1 日，雨果看着孩子们上了车，离开了这里，心情无比痛苦。

11 月 21 日，雨果开始动笔写小说《九三年》。

《九三年》是雨果晚年的重要作品。这部长篇小说描写的是法国大革命的故事，以 1793 年法兰西共和国军队镇压旺代地区反革命叛乱这一重大历史事件为题材，反映了革命力量与反革命力量之间的生死较量，表现了资产阶级革命中惊心动魄的历史内容和不以人的意志为转移的斗争规律，抨击了封建贵族的凶狠残暴，展现了共和国军队的英勇善战。这里有他的父亲雨果将军所经历的战争年代痕迹。其基本主题是表现"在绝对正确的革命之上，还有一个绝对正确的人道主义"，体现了雨果的人道主义思想。

这部小说于 1873 年夏完稿。

7 月 31 日，雨果和朱丽特回到了巴黎，这时小儿子弗朗索瓦已经病重。12 月 26 日，弗朗索瓦离开人世。

雨果再一次承受住了丧子的打击。上帝陆续夺去了雨果的家人，他的第一个孩子出生才几个月就离开人间。他的妻子、他的长女和女婿，他的儿子查理和弗朗索瓦，都离开了人间。现在他只有患病的在精神病院的小女儿阿黛尔和眼前的一双孙子孙女。

1874 年 4 月 29 日，雨果一家搬到了克里希街 21 号。朱丽特已被大家认可。晚餐后，这里聚集了一些文人，有福楼拜、阿尔丰斯·都德、爱

德蒙·龚古尔等。还有一些政界的朋友，如路易·勃朗、儒勒·西蒙、莱昂·甘必大、乔治·克莱蒙梭等，他们在一起大多议论国家的形势。

1876 年 1 月，雨果在第二轮的选举中当选参议员。这时，麦克马洪接替梯也尔担任了政府首脑。

3 月 22 日，雨果出席凡尔赛的参议院会议。在会上，他谈到了人民的痛苦，谈到了被流放者家庭的生活无着，他要求对公社社员实行彻底而全面的大赦。他的发言照旧得到大多数议员的沉默待遇，他提交的大赦草案又被否定。这位银须白发的老人，看着台下的议员们，感到了一种散发着墓地阴冷的气息。

1877 年，雨果出版了诗集《做祖父的艺术》。这是一本记录雨果与孙子们在一起的抒情诗集。在这里，他记录下来的生活瞬间，充满着暖暖的祖孙之情。

政坛上的较量还在继续，共和国总统麦克马洪在帝制和教权派的支持下，企图步拿破仑三世的后尘，攫取政权。雨果将在流亡期间写的《一桩罪行的始末》整理后于 1878 年出版。他在该书的前言中指出，法兰西正面临着政变的危险。

人道主义老战士的欣慰

共和党同君主制之间的斗争，在 1877 年 10 月的选举结果中告一段落。共和党胜利了。12 月，新政府组建，为首的是"左派"共和主义者波尔·杜弗尔。

1878 年，雨果 76 岁了，他依然活跃在文坛和政坛上。5 月 30 日，在伏尔泰逝世 100 周年纪念会上，他慷慨激昂，发表了长篇演说，称颂伏尔泰的革命斗争精神。6 月 17 日，世界文学代表大会在巴黎召开，他担任主席。

俄国作家伊凡·屠格涅夫，法国作家福楼拜、都德、龚古尔、左拉、莫泊桑都参加了大会。在会上，雨果还在呼吁法国要对公社社员实行大赦。

夏季的炎热，繁忙的事务，让雨果的身体有些吃不消了。1个星期后，雨果患上了轻微的脑溢血。7月，雨果在朱丽特的陪同下到盖纳西岛休养，3个月后，雨果恢复了健康。10月，这位老诗人委托朋友在艾洛大街买了一幢房子。他要回巴黎参加参议院和学院的投票，他要防止主教和资产阶级进入参议院，防止和刽子手贴近的史学家和批评家进入法兰西学院。

11月7日，雨果携朱丽特回到了巴黎。

雨果的房间，永远是一张大大的写字台和一张高脚书桌，雨果有站着写作的习惯。

雨果的新作又陆续出版了。政论有反天主教的《教皇》（1878），有批判君主制的《高尚的怜悯》（1879），有谈论宗教的《宗教信仰和宗教》（1880）；诗集有《驴颂》（1879），《自由自在的精神》（1881），《历史传说》第二卷（1877），《历代传说》第三卷（1883）；戏剧有《笃尔克玛达》（1882）。这些书稿是雨果以前写的，是朋友们帮助整理出版的。

1879年3月，温和派共和主义者上台，新总统儒勒·格莱维对雨果非常崇拜。雨果对未来抱有很大的希望，他坚信人类是进步的。

1879年5月，他支持了反奴役战士代表大会。1880年7月3日，为迎接7月14日攻陷巴士底狱纪念日，他在参议院发表了最后一次讲话。提议通过一项崇高的法令，对巴黎公社社员实行大赦。

这一次，参议院通过了雨果的提案。雨果坚持了多年的正义之举终于实现了。雨果这位伟大的人道主义老战士，他的眼角湿润了。

11. 人生迟暮（1881—1885）

1881 年 2 月 26 日，在雨果 80 岁生日时，雨果没有想到巴黎各界人士在其住宅的窗户下开始了庆祝活动。房门口放着象征桂冠的一株黄色的月桂，整个一条街道上铺满了鲜花。从中午开始，络绎不绝的人们在他的窗前走过，有巴黎市民，有法国各界的代表，有各国的使者，还有学生和老师等。"维克多·雨果万岁"的声音一阵阵响起。雨果站在窗前，心情激动，他看到了人民对他的热爱和赞美，心中感到无比幸福。他把手放到了胸前向人们致意，"共和国万岁！"雨果的声音在人群的上空回响。

庆祝活动达 6 个小时，直至天黑。这一天，有 60 万人在雨果的窗前走过。同年，这条街道被命名为"雨果街"。

朱丽特·德露埃

雨果仍然站在斗争的前沿，再次当选为参议院议员。1881 年 5 月出版了诗集《自由自在的精神》。1882 年 3 月，雨果就俄国民意党人被秘密审判一事发表文章。他呼吁：文明世界应该出面干涉，为什么要杀人？结果 10 个死刑犯中有 9 个改为终身监禁。

1883 年 5 月 11 日，雨果的情人朱丽特·德露埃因病去世，终年 77 岁。她是一位伟大的女性，在雨果最困难的时候，她不顾枪林弹雨，追随雨果 50 余年，默默地保护着雨果。正如悼词中所说的，她有权赢得自己的一份荣誉，因为她经受了许多考验。按照朱丽特生前的遗愿，雨果将她安葬在她女儿的墓旁。

朱丽特去世后，雨果的精神大不如前了。他的红色沙龙跟从前一样，每晚都有许多客人。朋友们在交谈，雨果却很少说话，他的目光总是朝屋里凝望。他要求人们不要给他祝寿，他一生中的丧事太多了，再没有快乐的日子了。

早在 1881 年 8 月 31 日，雨果就立下遗嘱，其中一条是：

我把我的全部手稿，以及能找到的我的一切手迹和绘画都奉献给巴黎国家图书馆。

1883 年 8 月，雨果一家到瑞士休养，在雨果下榻的勒芒湖畔的拜伦饭店门前，聚集了一大群欢迎的人，其中有一个少年，他就是罗曼·罗兰。在罗曼·罗兰的眼中，雨果是苍老的，头发全白了，满脸皱纹，双眉紧锁，一双眼睛深深地凹下去，仿佛是从远古时代穿越而来的。人们喊："雨果万岁！"雨果喊："共和国万岁！"罗曼·罗兰在文章中写道："在文学界和艺术界的所有伟人中，他是唯一活在法兰西人民心中的伟人。"

1885 年 5 月 18 日，雨果病重，肺部出血，心力衰竭。消息传来，人们纷纷来到艾洛大街雨果的寓所，虔诚地期盼他的好转。4 天来，法国各界都在关注着他的病情，报纸每天都播报雨果的病情。

22 日，雨果病逝于巴黎，享年 83 岁。当天议会两院宣布全国性哀悼。5 月 26 日，艾洛大街和艾洛广场改名为雨果大街和雨果广场。

6 月 1 日，法国为雨果举行国葬，整个法兰西举哀致敬，鸣礼炮 21 响。尊重雨果生前的遗嘱，"我把 10 万法郎给穷人。我希望用穷人的灵柩车把我送进公墓。我无须任何教堂为我祈祷，只请普天众生为我祈祷。"雨果的灵柩是用穷人用的灵车，车上安放两个白色的玫瑰花圈，灵柩置于凯旋门下，供万民瞻仰。有200万群众自发组成的队伍为雨果送葬，有巴黎公社的战士、穷苦的百姓、进步的知识分子和各国驻巴黎的代表，规模空前。哀乐与口号声汇成一片："维克多·雨果万岁！"浩浩荡荡的人群唱着《马赛曲》行进。雨果的遗体被安葬在聚集法国伟人长眠的先贤祠。一位诗人得到人民的如此厚爱，这在人类历史上是绝无仅有的。

1985年，雨果逝世100周年，法国将这一年定为"雨果年"。

雨果的生活道路几乎贯穿了整个19世纪，经历了法国的革命世纪所有的重大事件。他的创作历程长达60多年，19世纪法国社会历史的不同发展时期都在雨果的创作活动中留下了印记，从而使他的整个创作构成了19世纪法国重大历史进程和文学发展进程的缩影。

雨果是热情的民主主义战士、真诚的爱国主义者和人道主义者。他是被压迫人民的朋友，是专制主义的仇敌。他勤奋一生，坚持不懈地教导人们热爱生活、捍卫真理。他是法国伟大的诗人、小说家和剧作家，他为全世界人民留下了极其丰富和宝贵的文学遗产。

第二部分 艺术特色与艺术成就

生命固然短暂，我们却常常漫不经心地浪费时间，使生命更
为短暂！

雨果是法国 19 世纪伟大的浪漫主义作家，是人道主义的杰出代表。他的创作历程达 60 年之久，发表了小说 20 部、剧本 12 部、诗集 26 部，还有散文、文艺评论及政论等文学作品 20 余部。

20 部小说：人道主义与浪漫主义的情怀

雨果创作的小说规模巨大、成果丰硕。他从 1819 开始写小说，共写了 20 部小说。其中长篇小说《巴黎圣母院》《悲惨世界》《海上劳工》《笑面人》《九三年》就有 300 余万字。其中《悲惨世界》与《巴黎圣母院》作为独立的鸿篇巨制，不论就其篇幅规模还是在全世界广为流传的程度，无疑使他成为法国文学史上资产阶级民主主义的卓越代表。他的创作思想超越了时代，被世界上所有的文学爱好者所崇敬。

雨果的浪漫主义小说经历了一个多世纪以来各种文学潮流汹涌澎湃的冲击，仍然在人类文化生活中占有相当的份额，保持着一个重要而崇高的地位。雨果时刻关注和关乎社会的现实和人民的心声，他的人道主义思想在他的小说中完好地呈现，他的作品长存不朽，这不能不说是小说创作的一个奇迹。

雨果的小说早期受到司各特（1771—1832）的浪漫主义小说的影响。司各特被称作"欧洲历史小说的创始人"，他创作的历史小说当时风行整个欧洲。他善于借用历史题材表现个人情感，善于将历史上生动的史实加以美化，这样的写法对雨果影响很大。浪漫主义小说总是以不同凡响的奇特想象而引人入胜的。雨果创作小说也是以想象开始的。

1819 年，雨果当时只有 17 岁，他用了两个星期就写出了《布格·雅加尔》。小说以 1791 年法属殖民地圣多明各的黑奴起义为题材，描写了被压迫民族的反抗斗争。这对一个 17 岁的雨果来说，想象是必不可少的。他刻画了青年殖民主义者维奈的统治，歌颂了起义领袖雅加尔的勇敢，反映了早期雨果思想的单纯与热情。

1821 年，他又开始写他的另一部中篇小说《冰岛凶汉》。这部小说的情节全属虚构，情节怪诞，充满了恐怖的合理想象。他在小说主人公的爱情故事中，写入了他自己在现实生活中对阿黛尔·富歇的真实感受。小说蕴藏着非常真实的成分，感情真实，感受真实，因而，它有别于胡编乱造的黑色浪漫小说。对于这部小说，他曾经自白："我感到心里有许多话要说，而不能放到我们的法国诗句里去，因此，我要写一本散文小说。我的灵魂里充满着爱情、苦痛、青春，我不敢把这些秘密告诉他人，只得托之于纸笔。"这部小说发表于 1823 年，这是雨果发表的第一部小说。

1823 年，21 岁的雨果已经是一位写出两部小说的作家了。这两部小说既是当时时尚文学的产物、英国浪漫主义文学影响的产物，也是雨果从自己的心灵中进行挖掘、发挥自己推测的悟性与想象的能力、从一些杂书中获得异域知识的产物。这些作品的思想性与艺术性都不成熟，也有明显的保守主义倾向。

1827—1840 年是雨果小说创作的辉煌期，作品充满了强烈的反封建反教会精神，表达了对旧制度和统治者的无比仇恨。

雨果是不脱离现实社会的浪漫主义者，特别是随着年龄的增长，他对现实社会的感受愈来愈深刻，他介入现实社会的程度也愈来愈深入。七月革命前夕，雨果受资产阶级自由主义思想的影响，在 1829 年写下了小说《一个死囚的末日》。雨果把真实的现实生活内容融进小说的人物形象中，是一部现实主义纪实风格的作品。这部中篇小说通过对监牢中的悲惨阴暗现状和一个死囚在狱中的生活及痛苦的心理活动的描写，揭露资本主义法律制度的不公正，表达了坚决反对对犯人实行死刑的愿望。雨果对死刑这个具体的社会现实问题进行严肃思考，表现了雨果的资产阶级人道主义思想。至此，雨果的小说创作进入成熟期。

1834年，雨果以同一主题发表了另一部中篇小说《克洛德·格》。《克洛德·格》是雨果19世纪30年代的重要小说，它深刻地体现了雨果小说的人道主义的主题，探讨了工人贫困的原因和形成的犯罪根源。小说以真人真事为题材，叙述了善良穷苦的工人克洛德·格由于找不到工作，为饥寒所迫，给老婆和孩子偷了仅够用3天的面包和柴火，却受到5年的监禁之苦。在监狱中，由于他不堪忍受狱吏的暴虐行为，用斧子砍死了监狱苦工场的场长，最后被判死刑。小说揭示主人公遭到如此悲惨结局的原因是不平等的社会制度和监狱中的恶劣环境造成的。他控诉了法律的不公平，对不平等的资本主义社会提出了强烈的抗议。

1831年，雨果发表了长篇小说《巴黎圣母院》。作品有力地证实了他主观想象、主观夸张、主观渲染的才能与观察现实、把握现实、摹写现实的才能，融合了浪漫主义与现实主义的写作手法，体现了人道主义精神。

1851—1870年是雨果的流亡时期，也是雨果创作的高峰期。特别是他的长篇小说成就突出。1862年的《悲惨世界》、1866年的《海上劳工》和前期创作的《巴黎圣母院》成为雨果的三大代表作。1869年的《笑面人》、1874年的《九三年》具有更加强烈的社会现实性。

长篇小说《悲惨世界》是雨果最重要的长篇小说，它在法国文学史上占据重要的地位，在世界文学宝库中堪称伟大的杰作。小说以十卷本的巨大篇幅提出了当代迫切需要解决的三个问题——贫穷使男子潦倒，饥饿使妇女堕落，黑暗使儿童羸弱。小说以在逃苦役犯冉阿让、妓女芳汀和她的女儿珂赛特3个人的不幸经历为线索，展示了一幅动人心魄的悲惨世界的图景，突出反映了贫苦人民悲惨的命运和处境。小说向造成这一切的资本主义社会提出了控诉和抗议，撕破了资本主义法律"公正廉明"的假面具，揭露其暴虐、荒谬、虚伪的本质。雨果在作品中宣扬人道主义，强调道德的作用，力图用仁爱感化来解决社会矛盾，却又肯定革命暴力打破旧的不合理的社会和制度的必要性。他以高昂的民主主义热情表达了对理想、未来的憧憬。《悲惨世界》就是现实主义和浪漫主义相结合的艺术珍品。

长篇小说《海上劳工》是以王朝复辟时期为背景，描写了人与大自然的惊心动魄的搏斗，热情歌颂了劳动者的聪明才智和顽强意志。主人公吉里雅特是一个刚毅果断、高尚纯洁、富于自我牺牲的青年。在海上和小岛上极其艰难的条件下，他以顽强的意志创造了奇迹，征服了大自然。他爱上了船主勒杰利的侄女黛吕舍特，接受了从触礁汽船上运回机器的条件。等到他历尽千辛万苦将机器运回时，发现黛吕舍特另有所爱。他为成全对方的爱情而牺牲了自己的爱情和生命。雨果把吉里雅特作为伟大人类的代表加以赞颂，把他的斗争精神赋予诗意的象征意义。雨果以浪漫主义的激情对主人公热情赞颂的同时，又以对照的手法描写了恶汉汉丹、克里班船长和雅克曼·埃德洛教长。这3个人是王政复辟时期社会邪恶势力的代表，作者对他们进行了揭露和批判。以劳动者作为长篇小说的正面主人公，这是雨果世界观中进步思想的反映，在文学史上占一席重要的地位。

1869年出版的《笑面人》是雨果流亡时期的最后一部小说。小说的背景是17世纪末到18世纪初，英国从詹姆士二世到他的女儿安娜女王统治的这一时期。小说主人公格温普兰是英国爵士的后代，从小他被卖给人贩子，被毁坏了面容，变成了面带怪笑的可怕的笑面人。年仅10岁的他被抛到荒岛上，几无生存的希望。他从雪地上救了盲姑娘蒂，后被流浪艺人于苏斯收养长大。1705年，这个流浪的家庭来到伦敦卖艺，这时他的身份得到了确认，重新获得爵士地位，成了英国上议院议员。格温普兰在上议院庄严陈述人民的苦难，却被侮辱、轻蔑和嘲笑。他毅然回到下层社会当中。这时蒂已经病得奄奄一息，不幸死去。格温普兰在极度悲伤中投海结束了自己的生命。

雨果通过小说主人公笑面人格温普兰一生的奇异遭遇，揭露了英国宫廷内外的斗争和尖锐的社会矛盾，展示了英国资产阶级革命后的两个不同的世界：一方面是贵族资产阶级骄横的统治和他们的荒淫无耻、穷奢极欲的生活。另一方面是广大的劳动人民仍然处于水深火热之中，过着悲惨的生活。雨果从人道主义思想出发，对英国资产阶级革命后的黑暗现实进行了有力的揭露和批判，批判矛头指向英国社会的封建残余势力，对劳动人民的苦难寄予了深切的同情。作品充满了异国情调，浪漫主义色彩浓郁。

1874 年出版的《九三年》是雨果的最后一部也是很重要的长篇小说。小说描写了 1793 年大革命年代中激烈斗争的故事。共和国军队在镇压旺代反革命叛乱中，捉住了罪恶累累的反革命首领侯爵朗德纳克。朗德纳克是在已经逃脱的情况下为了救出大火中的 3 个孩子而被捕的。共和国军的年轻军官郭文为此放掉了他，自己因此触犯了法律，被送上断头台。

总的说来，雨果的小说显示了作为人道主义者、社会学家和小资产阶级社会主义者的全部思想和观点。他的作品贯穿着人道主义激情，洋溢着浓郁的浪漫主义气息，具有极高的思想价值和艺术魅力。他给人类留下的瑰丽的传世佳作，成为众人交口称赞、努力效仿的榜样，曾影响并继续影响千百万后来人。

12 部戏剧：与古典主义决裂的时代之歌

雨果的戏剧在 19 世纪的法国文坛占有相当重要的地位。雨果从 1827

年写第一个剧本《克伦威尔》起，到1882年写《笃尔克玛达》止，共创作戏剧12部。雨果的戏剧以其开拓性的作用与轰动性的时事效应而著称。他是与高乃依、拉辛和莫里哀并列的法国四大戏剧家。

雨果进入戏剧创作领域时的背景：一是代表古老封建传统的波旁王朝仍维持着它最后几年的统治，而这种统治又已经面临着山雨欲来风满楼的形势；二是古典主义从17世纪建立起来的古老戏剧法则仍主宰着法兰西的舞台，但1827年英国剧团把莎士比亚的剧目带进了这个老式舞台后，引发了青年一代观众对新戏剧风格的热情与兴趣，并开始形成一股冲击旧戏剧传统的浪潮。

19世纪30年代，雨果的戏剧作品以其新内容和新形式奠定其在法国浪漫主义文学的重要地位。雨果的第一部戏剧《克伦威尔》，剧本写得太长，场面过于浩大，人物太多，无法上演。但这个剧本的序言却引起了振聋发聩的轰动效应。在《〈克伦威尔〉序言》中，他提出了浪漫主义对照原则的创作手法，并加以运用，把克伦威尔塑造成"既崇高优美又滑稽可笑"的人物。这个剧本的问世，对古典主义戏剧造成了一定程度的冲击。它宣布了对伪古典主义的挑战，提出了新文学流派的创作主张。浪漫主义戏剧成为浪漫主义反对古典主义的主战场，雨果在这主战场上充分发挥了主帅的作用。他提出了浪漫剧的理论，创作了浪漫主义戏剧作品。

雨果第二个剧本是《玛丽蓉·德洛尔姆》（1829），雨果写的完全符合舞台上演要求。这个剧本在朋友圈子里朗读时，得到一致赞赏，上演的成功似乎唾手可得。可在法兰西剧院即将把它搬上舞台之时，却被波旁王朝内务大臣禁止上演，其理由是剧本里那个"耽于狩猎、被教士操纵"的路易十三的形象，被认定不仅是"对当今国王的曾祖的糟蹋"，而且简直就是"影射国王本人"。封建君主政治与古典主义的双重高压，更激发起了雨果的逆反情绪。在七月革命即将爆发的紧迫形势下，雨果勇猛地投入了《欧那尼》一剧的写作。

《欧那尼》是雨果戏剧的代表作，这是一出五幕诗剧。这个剧本以16世纪西班牙一个浪漫故事为蓝本。主人公欧那尼是一个出身贵族的青年，他的父亲被西班牙原先的国王杀死。欧那尼被迫流落为强盗，他发誓要杀死王位的继承者卡洛斯以报父仇。欧那尼爱上老公爵的侄女、未婚妻唐娜·莎尔小姐。卡洛斯本人也觊觎着莎尔的美色。第一幕，卡洛斯国王潜入公爵府，偷听欧那尼与莎尔计划第二天私奔的谈话，他要挟欧那尼，无耻地提出与欧那尼平分莎尔的爱情。恰巧被老公爵撞见，卡洛斯国王谎称微服私访，蒙混过去。第二幕，深夜，卡洛斯国王假扮成欧那尼劫持莎尔，被欧那尼的弟兄捉住。欧那尼出于贵族观念，没有杀死放弃决斗的国王并放国王逃走。欧那尼的弟兄们却被国王带来的人马围困，欧那尼逃走。第三幕，欧那尼乔装混入老公爵城堡与莎尔幽会。卡洛斯国王前来搜捕，老公爵出于贵族的荣辱观念，拒绝从自己家中将欧那尼交出。卡洛斯国王于是把莎尔作为人质带走。欧那尼感激公爵救命之恩，把自己的号角交给老公爵，发誓只要听到老公爵的号角召唤，不管在什么情况下都要把性命交给老公爵处理。第四幕，欧那尼、老公爵和叛党准备谋杀国王，但被国王卡洛斯捕获，莎尔愿与欧那尼同死。正巧卡洛斯继承日耳曼帝国的王位，大赦天下，不仅赦免了欧那尼，还恢复欧那尼简武士公爵的爵位，并赐他与莎尔完婚。第五幕，在欧那尼与莎尔举行婚礼的那天晚上，老公爵吹响了号角，于是欧那尼与莎尔双双毙命，老公爵也结束了自己的生命。

《欧那尼》是一出浪漫主义的典型戏剧。这出戏剧在内容和形式上都摆脱了古典主义戏剧的束缚，有了开创性的发展。它和古典主义的戏剧完全不同，剧本有明显的反封建的倾向。古典主义的戏剧美化封建王侯，而在这个剧本里封建王侯却成了被讽刺、揭露的对象；古典主义的戏剧遵从"三一律"，而这个剧本在艺术手法上完全打破了古典主义的"三一律"，时间远不止 24 小时，地点换了好几处；它把悲喜剧的因素糅合在一起，情节错综复杂，回旋跌宕，出人意料。剧本运用了浪漫主义的对照原则，国王与强盗对照，坟墓与婚礼对照。通过对照使作品有声有色，增强美的感受。剧本里有改装、决斗、毒药、爱情、阴谋和死亡等戏剧元素，都是古典主义所不允许的。古典主义只许表现所谓崇高、典雅的事物，而该剧本的剧终在舞台上出现 3 具尸体，这更是对古典主义的亵渎。在政治上，《欧那尼》剧本对君主政治更富有挑战性、指责性与告诫性。在艺术上，《欧那尼》剧本对古典主义的一系列法规、戒律、趣味、标准，都公然带有对抗性与挑战性。

1830 年，《欧那尼》在剧场演出，引起很大的轰动。剧场内外的伪古典主义与浪漫主义拥护者之间爆发了激战，即著名的"欧那尼之战"。《欧那尼》的上演，象征着古典主义与浪漫主义两派势力之间的殊死斗争。《欧那尼》接连上演 45 场，获得巨大的成功，它成为七月革命的一个序幕，奠定了戏剧史上浪漫派对古典派、浪漫主义戏剧对古典主义戏剧的胜利。

"欧那尼之战"以它的意义、它的白热化、它的戏剧性而名垂史册，它无疑是雨果戏剧生涯中辉煌的一页、闪光的顶点。

《欧那尼》之后，雨果写了浪漫主义剧本《国王取乐》（1832）。遭到禁演以后，雨果又写了几个浪漫主义剧本：《吕克莱斯·波基亚》（1833）、《玛丽·都铎》（1833）、《安日洛》（1835）、《吕依·布拉斯》（1838）、《城堡里的伯爵》（1843）等。

《城堡里的伯爵》被称为"雨果戏剧创作生涯的最后一曲"，但这只是就戏剧作品的上演而言。事实上，在这个剧本的上演失败之后，雨果还继续进行了戏剧创作，主要是短剧，如《潮湿的树林》（1854）、《祖母》（1865）、《干预》（1866）、《上千法郎的奖金》（1866）、《宝剑》（1869）、《大林子边》（1873）等，但这些剧本几乎都没有上演过。

雨果的戏剧题材是以国王、贵族等封建专制主义者作为揭露和批判的对象，抨击了封建社会的上层人物，颂扬了才智超群、道德品质高尚的普通人，表现了反封建的民主主义思想特色。

雨果的戏剧创作，从内容、结构到风格开创了法国式的浪漫主义戏剧形式。雨果和僵化的古典主义决裂，但又承认和吸收情节一致的合理内核。他视戏剧为论坛，通过戏剧创作和演出实践展现他对人生的看法。他的创作忠实于他的原则，使崇高典雅与丑怪粗俗的形象对比表现在舞台上。在艺术上，他追求高度浪漫，任凭想象驰骋，戏剧冲突力图尖锐、激烈，情节出人意料、奇特；在人物形象的塑造上，追求人物性格鲜明，动作夸张，强调对比，气氛浓厚。雨果的浪漫剧繁荣了戏剧舞台，占据舞台长达十年之久。这对于任何一个戏剧家来说，都是一个非凡的成就。

26 部诗集：浪漫与讽刺的史诗

雨果是法国伟大的诗人，是法国浪漫派诗歌的旗手，是整个欧洲浪漫派诗歌的代表人物。他的诗歌创作贯穿了他的一生，其创作量之大、内容之丰厚深广、色彩之绚丽灿烂、气势之雄伟恢宏、诗艺之高超精湛，在人类历史上是少数诗歌大师中的一个，成为世界诗库中一份巨大财富。雨果的诗歌创作，技巧圆熟，修辞精到，想象丰富，意境清新，在内容上反映了时代的现实性。

雨果青少年时就开始写诗，在诗歌创作中经常获得奖赏。1822 年，20 岁的他出版了第一本诗集《颂歌集》，收入了他 1818 年以来创作的 24 首颂诗和 3 首杂诗。在这部诗集里，有歌颂王朝的《颂亨利四世雕像落成》，有献给他的偶像夏多勃里昂的，也有写给他的恋人阿黛尔的。该诗集得到国王路易十八的奖赏。1824 年 3 月发表了《新颂歌集》，在《颂歌集》基础上又新增了 28 首家庭生活题材的诗歌，采用了中世纪行吟诗人的形式，描述了想象的中世纪生活场景，表现了打猎、比武、骑士的冒险等内容。在艺术上拘泥于古典主义诗歌的格律，华丽有余，在思想上显示出保王主义的狂热。

在 19 世纪 20 年代中期，由于政治态度趋向进步，他的诗歌创作有了新的收获。1826 年定名为《歌吟集》的诗集，是雨果诗歌创作历程中的第一块纪念碑。诗集无疑显示出诗人早熟而高超的技艺，但其中与出众的才华同时并存的，是人为求雅的古典主义语言痕迹与夸张、稍逊自然的诗歌风格。

1829 年出版的《东方集》，无论是在题材、主题上还是在艺术表现上都发生了明显的变化。那些富有色调和音响的诗，所抒发的不再是怀古、思古之幽情，而是对东方异国情调的讴歌。诗集中所收的诗歌摆脱了古典主义的束缚，词汇丰富，韵律自由，诗歌主题是对自由的向往和对解放斗争的歌颂。其中的希腊组诗以革命的激情表现了希腊人民英勇壮烈的斗争。诗集的题材并不限于这片国土，它具有一种对法国人来说是"泛东方"的视野，扩展到了西班牙、中东、阿拉伯世界与非洲。诗人没有这些异国生活的经验与实感，他的诗集仅是知识与想象结合的产物。在这里，雨果第一次显示了他作为一个真正诗人的丰富奇美的想象力，画家般的调色渲染的技艺，他以铿锵的词句与悦耳的音节，绘制出一幅幅鲜明灿烂、绚丽旖旎、引人入胜的异域画面。诗集色彩与风格完全是浪漫主义的，它引起了具有新艺术口味的新一代文学青年的赞叹与欢呼。

19 世纪 30 年代，雨果的抒情诗进一步发展，1831 年出版的《秋叶集》显示了抒情诗人的素质，是雨果诗歌中最美、最感人的诗集。它发出了浪漫主义文学所具有的一个"共律"与"音色",充满着忧郁的情调。整个诗集几乎是人的所有情感的全面抒发,这里有朋友的倾诉,有情人的依恋,有丈夫的哀愁,有父亲的挚爱。正如作者在序言中所说:"对年轻人,这些诗说的是爱情;对父亲,说的是家庭;对老人,说的是往昔。"这里是一些宁静的和平的诗句,浸透着无可奈何的情绪,深深打动了读者的心灵。如《落日》组诗中的这一首:

今晚,太阳落在一片云霞里。

明天傍晚和黑夜,将会有雷雨;

然后是黎明,曙光在晨雾中升起,

又是黑夜和白昼,光阴永不停歇!

……

而我呢,岁月流逝,我就会背曲腰弯,

我在阳光普照下发冷,不久的将来,

周围是一片欢乐,我一去不再复返,

而世界依然广阔,依然是多姿多彩。

《秋叶集》获得了永存不朽的诗意,它的影响力大大超越了《歌吟集》与《东方集》,在雨果诗歌创作中占有特别重要的地位。雨果对大自然的关注是诗集的一个重要部分,诗中呈现了一幅幅别致生动、充满田园牧歌的风光写生与各种气势、各种色调的自然景观绘画,比较集中地展示了雨果作为大自然画师的才能,也表达了雨果对国家前途和命运的担忧,表明了雨果对民族解放运动的热情支持:

我深深地憎恨压迫,

当我听见在世界的某个地方,

在暴君残酷的统治下,

有民族正在求救呼喊。

……

我就忘记了家庭、孩子和爱情，

还有无忧无虑的安闲和轻柔的歌声，

而把一根青铜之弦装上我的竖琴。

七月革命后，雨果又出版了《暮歌集》（1835）、《心声集》（1837）、《光影集》（1840）。这些诗歌表明了自己对当时发生的社会历史事件的看法与态度，反映了法国在金融资产阶级统治下贫富分化日益严重的现实。

1851年12月2日，路易·拿破仑·波拿巴实行政变，巴黎的群众遭到镇压，死难者不计其数。雨果写下了叙事诗《四日晚上的回忆》。这是雨果政治诗歌的代表作，讲的是一个真实发生的惨案：拿破仑三世政变之后命令军队镇压共和派的抵抗。4日，镇压达到高潮。一个7岁孩子在上街买东西时，被枪杀在蒙马特尔区的街头。雨果目睹了这一惨案，心灵被深深震撼。诗人一改汪洋恣肆、华彩多姿的写作风格，而用十分朴素的、几乎近于静态写生的手法，"回忆"了4日晚上的这个真实故事。这首诗被收入到《惩罚集》中。

孩子头上中了两颗子弹。

房屋干净、简陋、安静、朴素；

在一幅肖像上面挂着一束圣洁的树枝。

一位年老的祖母在那儿哭着。

我们默默地给孩子脱下衣服。他的嘴

惨白地张着；死亡已经淹没他的眼睛；

他的手臂垂着，好像在找依靠。

在他衣兜儿里有一个黄杨木的陀螺。

他的伤口大得可以放进去一个手指头。

你们曾见过篱笆上熟透了的桑葚吗？

他的脑盖是裂开的，就像裂开的木头。

……

"今天早晨，他还在窗口那边玩呢！

这从哪儿说起，他们就这样夺去了我的心肝！

他在路上走道儿，他们就向他开枪。

先生，他和善得像耶稣一样。

我已经老了，痛痛快快就叫我死去得了；

这在波拿巴先生反正是无所谓的，

与其杀死我的孩子，不如把我杀死！"

祖母住嘴了，因为眼泪使她感到窒息。

所有的人都在祖母的身边哭了。

……

拿破仑先生，这是他真实的名字，

他是贫穷的，尽管当了王；他喜欢宫殿；

他该当有些马，有些仆从，有些钱，

为了他的游戏，他的服饰，他的睡眠，

他的狩猎；而且他还要利用这机会

来救救家庭，救救社会和教廷；

他要住圣葛罗宫，夏天满园都是玫瑰，

好让县长和市长们到那儿去朝拜；

就是为了这个，所以那些年老的祖母，

必须用发抖的可怜的灰色手指头，

给七岁的孩儿们密密地缝着尸布。

路易·拿破仑·波拿巴的政变像一个晴天霹雳震醒了雨果。作为议会中民主派领袖，他揭露路易·拿破仑·波拿巴的独裁专制，号召巴黎人民起义，因此他遭到了政府的通缉、放逐。从此，雨果被迫流亡国外达 19 年之久。政治上挫折，生活上的孤苦，激发着他的诗情。一个大智大勇的流亡者，一个不屈不挠的斗士，一个坚定热烈的共和主义者、民主主义者脱颖而出。他的诗歌紧密配合现实斗争，歌颂了光明与进步，讽刺和谴责独裁统治者拿破仑三世。他的声音代表着一种政治激情，他的行为是一面鲜明的旗帜，他代表着千千万万法兰西人民的心声。他是民族的英雄，他写出了最重要的表现民心的诗歌作品。

《惩罚集》于 1853 年底在布鲁塞尔出版，全诗将近 7000 行，是一部讽刺诗集，是雨果篇幅最长的诗集之一。诗集的主题只有一个，那就是对拿破仑三世这个独裁者的愤怒与谴责。《暴君的把戏》是刺向拿破仑三世专制的投枪和匕首。

> 这是你蓄谋已久而终于选定的日期，
>
> 啊，暴君！该摊牌了，——今夜一片寒气，
>
> ……
>
> 我们对它，犹如暴力对智慧，不屑一顾；
>
> 任它受尽蔑视，阴郁而力图报复！
>
> 外国曾敬重巴黎：我们要标新立异
>
> 将它拖在马尾下，抹它一脸污泥！
>
> 叫它完蛋！将它捣毁，压碎，砸烂！
>
> 大炮呀，请迎面向它喷射你的炮弹！

《惩罚集》发表后，获得了巨大的成功。当时诗集秘密传到法国，受到法国人民的喜爱，产生了极其巨大的社会政治影响。它是政治讽刺诗、社会抒情诗的辉煌范例，其史诗般的气势，其悲愤的力量，其讽刺的辛辣、语言的犀利、韵律的新颖都超过了世界文学史上的任何一位杰出的讽刺诗人的作品。这部词锋尖锐泼辣的政治讽刺诗集为革命导师列宁所喜爱。

1856 年出版的《静观集》是雨果后期诗歌创作中名垂史册的杰作。《静观集》内容丰富，异彩纷呈，诗艺炉火纯青，达到了出神入化之境，其中推敲有致、棱角分明、其美至极的诗句在诗集中比比皆是，它是诗人抒情诗创作的高峰。全诗 1 万多行，它是雨果各种内心激情与玄思奇想的美妙结合，是充满诗情画意的日记。这部诗集分《往昔》和《今日》两部分。诗集题材广泛，既有对纯真童年的回忆、对甜蜜初恋的描写，也有对痛失女儿的情感抒发。既有对社会贫困充满哲理性的思索，也有对社会弊病无情的揭露及对苦难中人们的同情。《静观集》概括了作者 1830—1855 年间的思想感情，是颇具特色的抒情佳作，是咏叹人生、抒发感情、描绘自然景色和探索哲理的上乘作品，如《五月春》中的描写：

在沟壑中，池塘边，甚至田垄和草地，

处处是斑斑点点，打扮得花团锦簇；

田野送给人花香，田野留下了花束；

正当此轻枝狂蔓嬉笑的暖春五月，

仿佛田野的唉声叹气，含情的密约，

仿佛田野一封封情书听得人絮烦，

在吸墨纸上留下印迹，点点又斑斑！

《静观集》可谓浪漫主义抒情诗的辉煌实绩，但其中有的诗作则又带有某种程度的"超前性"，而具有波德莱尔式、瓦莱里式的象征主义的风格。《静观集》出版后，获得惊人的成功，被认为是"法兰西文学中可引为骄傲的最美的个人诗集"。

1870 年，普鲁士军队侵略巴黎，雨果与人民命运与共，英勇抗敌。他写下了许多爱国主义的战斗诗篇。他歌颂了为国捐躯的战士，颂扬和赞扬了巴黎公社社员崇高品质和勇敢战斗精神，表达了对人类进步的信念与强烈的爱国之情。如《突围》一诗中，描写由市民组成的国民自卫军战士于拂晓时出城参战的动人情景：

> 黎明时寒冷、灰白，天色蒙蒙地发亮，
>
> 一群人整整齐齐地走在大街的中央；
>
> 他们向前迈进，铿然有声的步伐，
>
> 把我吸引了过去，我跟着他们出发。
>
> 他们是奔赴前线，投入战斗的公民。
>
> 高贵的战士！孩子也在行列里行进，
>
> 身材虽矮小，志气能和成人比高，
>
> 紧紧握住父亲的大手，他好不骄傲，
>
> 妇女扛着丈夫的步枪也行走匆匆。

这些诗被收入《凶年集》中，于 1872 年出版。

雨果还是一个史诗诗人，他的《历代传说》（1859—1883）是法国文学史上重要的史诗巨著。《历代传奇》的第一卷出版于 1859 年，第二卷于 1877 年出版，第三卷于 1883 年出版。《历代传奇》亦可谓雨果的压轴之作。雨果用诗歌的形式呈现了从古代、中世纪、文艺复兴直到当代的历史画面。每首诗都体现了一个历史场景或一个事件的画面，既是叙事的艺术，也是绘画的艺术，有些是根据《圣经》故事的，有些是采用民间传说的，有些则是以历史著作记载的。整部诗作集中表现人类伟大无比的向往光明的过程，突出了人类进步、弘扬了人类精神，充满了对暴力、黑暗、罪恶的鞭挞与批判，对正义、人道、光明的歌颂与向往。全诗意境开阔、气势磅礴、篇章瑰丽，是世界诗歌史上的一部雄伟的奇书。

雨果是一位杰出的浪漫主义诗人、讽刺诗人和史诗诗人，他的诗反映了他那个时代的生活。既有对亲情、对爱情、对祖国的歌颂，也有对哲学的探索及对自由的追求，既是人类社会思想史和发展史的见证，也是人类美好情感汇集的百科全书。

第三部分 主要作品介绍

人出生两次吗？是的。头一次，是在人开始生活的那一天；第二次，则是在萌发爱情的那一天。

《巴黎圣母院》

　　《巴黎圣母院》是雨果第一部浪漫主义风格的长篇小说。小说共十一卷，是一部具有鲜明的反封建、反教会的浪漫主义文学作品，其影响深远，意义非凡，是雨果的代表作。这部小说发表于 1831 年，当时雨果 29 岁。

【创作背景】

　　1789 年，法国大革命的烽火让整个欧洲处于政治的大动荡中，各国的封建势力同资产阶级正在进行复辟与反复辟的激烈较量。在法国，曾在 1789 年资产阶级革命中被推翻的波旁王朝，在国外封建势力的支持下，于 1814 年、1815 年两次复辟。反动的波旁王朝害怕人民反抗，其统治越发专制和猖獗，法国人民生活在水深火热之中。人民的民主自由意识在积聚，而在整个欧洲，民主运动和民族解放运动已处于高涨期。

　　1830 年 7 月，法国爆发了反对君主政体和教会僧侣的七月革命。巴黎的大学生、工人和小资产阶级代表走上街头，拿起武器，高喊着"打倒波旁王朝！宪章万岁！自由万岁"的口号，攻占王宫，构筑街垒，竖起革命的三色旗，与政府军展开激战。

　　七月革命推翻了波旁复辟王朝的封建统治。查理十世逃亡英国，旧贵族在法国的统治结束了。奥尔良公爵即位，被称为路易·菲利普一世，建立了金融资产阶级统治的七月王朝，实行君主立宪制。

　　银行家、交易所经纪人、铁路大王、大矿主、大森林主、大地主组成了金融贵族执政的圈子，封建的残余势力和金融资产阶级贵族还在盘剥人民，社会矛盾日益加深，劳动者和资产阶级的矛盾尖锐起来。而七月王朝维护的是银行资本家和封建贵族的利益。

雨果对七月革命后的现实感到失望，在这种情况下，雨果开始创作《巴黎圣母院》。在这里，雨果对封建专制和天主教会对人民的戕害进行揭露和批判，也是对1815—1830年的波旁王朝反动暴政的深刻批判。它是一部反封建反教会的长篇历史小说，可以说是革命高潮时期的产物。小说很好地体现了这个时代的特色，表达了19世纪30年代法国人民的正义呼声。

1831年1月14日，雨果完成了小说《巴黎圣母院》的创作。雨果以法国中世纪的巴黎圣母院为历史背景，写的是1482年法王路易十一统治末期出现的社会问题。那时的法国已结束了封建割据，君主专制制度已经确立，王权和教会勾结起来镇压人民的反抗斗争。教会在中世纪有着特殊的作用，它是封建统治的精神支柱，它不仅以虚伪的说教欺骗愚弄人民，还在经济上残酷地剥削人民。巴黎圣母院还享有"圣地"的特权，它可以不受法律的管辖。贵族、僧侣高高在上，为所欲为。

雨果在这部小说中，通过爱斯梅拉达被巴黎圣母院副主教克洛德和国王路易十一迫害而死的事实，揭露了贵族和僧侣残害人民、无恶不作的丑恶本质，再现了邪恶宗教势力的黑暗、封建专制制度的残酷，揭示了禁欲主义压抑下人性的扭曲和堕落。同时，雨果赞颂了底层人民的优秀品质和反抗精神，展示了法国社会善与恶、美与丑、爱情与欲念、贫穷与富有的矛盾冲突，表达了对人民的深切同情，宣扬了博爱、仁慈的人道主义思想。

【故事梗概】

当你翻开这部小说的扉页，呈现在你眼前的两座塔楼之一的暗角上，有手刻的：ANALKH。

这是希腊字。它是巴黎一个副主教放纵欲念，戕害良善的罪恶记录。

1482 年 1 月 6 日，巴黎市民在欢度两个传统的节日，即主显节和愚人节。格雷沃广场上按照惯例要放焰火，在布拉克小教堂要用花和彩带扎成五月柱，司法大厅要上演宗教剧。头一天晚上，市政府里的人们就用喇叭通知大家一个消息：法国王太子与佛兰德的公主玛格丽特联姻，佛兰德使臣们要观看宗教剧的演出和狂人教皇的选举。一清早，巴黎的市民们就从四面八方涌向格雷沃广场、布拉克小教堂和司法大厅。

司法大厅按照惯例在正午 12 点上演戏剧。今天上演的是宗教讽刺剧《圣母玛利亚之审判》。由于主教先生和弗朗德勒使臣等贵族老爷迟迟不到而使戏剧不能按时开演。观众叫嚣：如果再不开演，就要吊死司法执事。

戏台里面传出音乐声，帷幕拉开了。舞台上 4 个花面文身的人物开始朗诵序诗，他们是农妇和牧师、商女和工人。

剧情被容貌俊美而顽皮的青年约翰·弗罗洛的喊声所打断。原来"奇迹王朝"的"国王"克罗班·徒意福装成病鬼模样，半闭着眼睛，用凄惨的声音在行乞："请行行好吧！"被打断的剧情刚续上，又被奥地利公爵马克西米良的 48 个使臣的到来所打断。

人们对宗教剧不感兴趣，刚进城的袜商科珀诺尔霍地站立起来提议选举狂人教皇。巴黎圣母院敲钟人卡西莫多当选了。

这个"狂人教皇"有一个四面体的鼻子，马蹄形的嘴，被茅草似的棕色眉毛堵塞的细小左眼，被一个大瘤子遮盖的右眼，那上下两排残缺不全、宛如城堡垛子似的乱七八糟的牙齿，那沾满浆渣、上面露着一颗大门牙的嘴唇，那弯曲的下巴，特别是笼罩着这一切的那种狡黠、惊奇和悲哀混合的表情。大家把这位狂人教皇高举着抬了出来。

"教皇"头上戴着纸糊的冠冕，身上穿着可笑的袍子，乘着绘有花纹的轿子，由 11 个愚人之友会的会员把他抬在肩膀上，穿过司法大厅走廊，到大街和公共场所开始游行。

一眨眼间，司法大厅空了。宗教剧演不下去了。这时，一个青年喊道："爱斯梅拉达来了！爱斯梅拉达在广场上！"所有大厅里的人通通跑到窗口上，爬到墙上去看广场方向。

宗教剧演出失败，剧作者甘果瓦随着人群来到广场。格雷沃广场的中央燃着焰火，四周围了一圈人。在人群与焰火之间一个宽阔的空地上，有个少女在跳舞，身边有只小山羊。少女身材细长、发肤略带棕色，她那纤秀的小脚在一张随便垫在她脚下的旧波斯地毯上翩翩起舞。她旋转着，每次旋转，她那张容光焕发的脸蛋儿从人们面前闪过，那双乌亮的大眼睛投过来闪电般的目光。这姑娘在人群中一边舞，一边敲着小鼓。甘果瓦被这眼花缭乱的景象迷住了。

在千万张被火光照得通红的脸孔中间，有一张严峻、冷静、阴郁的男子的面孔。这个人有 35 岁，但已经秃顶了，只有两鬓还有几撮稀疏的灰白的头发。然而，那双深凹的眼睛里却闪着一种奇异的、炽热的青春活力和深沉的情欲，他把这种目光投向那个吉卜赛女郎身上。当他看到这个姑娘旋转的舞蹈让众人看得神魂飘荡，他那种想入非非的神情看起来愈发显得阴沉了。他的嘴唇不时掠过一丝微笑，同时发出一声叹息，只是微笑比叹息还痛苦。

在人们为姑娘和小山羊的精彩表演而发出的阵阵喝彩声中，有个阴沉的声音说道："这里面准有巫术！""这是亵渎神明的！大逆不道！"但雷鸣般的喝彩声盖过了那个阴沉的声音。这阴沉的声音是那个秃头的人发出的，姑娘战栗了一下。从广场最阴暗角落里传来一个尖锐的声音："你还不滚开，埃及蚱蜢？"这是关在荷兰塔里的女修士居第尔发出来的喊声。16 年前，她的独生女儿被吉卜赛人偷走了。她疯了，她憎恨一切吉卜赛人。

从司法大厅通往广场的路上，卡西莫多这位"狂人教皇"平生第一次尝到自尊的乐趣，品尝着受群众欢呼的滋味。即便他的庶民是一群疯者、瘫者、盗贼、乞丐。一个穿教士衣裳、秃脑门儿的人从人群中闯出来，怒冲冲地把他手中权杖夺了过去。卡西莫多急忙跳下担架跪在他的脚下。教士一把扯去他头上的教皇冠，折断他的权杖，撕碎他身上那缀满金箔碎片的袍子。甘果瓦看清了这个人正是克洛德·弗罗洛副主教。

夜深了，吉卜赛女郎带着小鼓，牵着小山羊加里从人群中走出去。甘果瓦忽然听到一声尖锐的叫喊，借着街角上一支蜡烛的光亮，看见有两个汉子正抱住吉卜赛女郎，堵着她的嘴，她拼命挣扎着。甘果瓦大喊："快来救我们啊，巡逻队先生们！"并勇敢地冲上去。被卡西莫多反掌一推，甘果瓦摔倒在地。卡西莫多一只手臂托着吉卜赛女郎消失在黑暗之中。"救命呀！救命呀！"女郎不停地喊着。正在这时，一个骑士猛冲过来，把吉卜赛女郎夺了过去，横放在马鞍上。这是御前侍卫弓手队长法比。他命令将抢人的卡西莫多抓住并绑上。卡西莫多的另一个同伴跑了。

甘果瓦被摔晕了，误入乞丐和流浪者的聚居地"奇迹王朝"。这里蜷缩着一群跛子、独眼、疯病患者，聚集着乞丐、扒手、卖艺人、诈骗犯，他们生活在脏污的市区角落，这是巴黎社会的底层。

"奇迹王朝"里的"国王"克罗班·徒意福，就是白天在司法大厅要钱的叫花子，正在审判甘果瓦。按照"奇迹王朝"的法规对误入"奇迹王朝"的"上等人"一律绞死，除非有一个"奇迹王朝"的女人肯嫁给这个外来人。"奇迹王朝"的各种各样的女乞丐都拒绝做甘果瓦的妻子，甘果瓦绝望地等待死亡。爱斯梅拉达恰好回到"奇迹王朝"，善良的姑娘为了从绞刑架上救出这个无辜的人，宣布同甘果瓦结为夫妻，婚期4年。但爱斯梅拉达告诉甘果瓦，她深深地爱上了救她脱险的弓手队长法比。

巴黎圣母院的副主教克洛德出身于一个中产家庭，从小由父母做主献身神职，定为牧师职业。他低眉垂目，轻声细语，生性忧郁、庄重、严肃。他从小用拉丁文阅读，是在弥撒书和辞典之中长大的。他学完了宗教法规课程，又致力于法典的研究，还学医学和文艺，懂得拉丁文、希腊文和希伯来文。他和国王路易十一有来往。他18岁时，父母在瘟疫中死去，襁褓中的小弟弟躺在摇篮里成了克洛德的唯一亲人。他爱怜襁褓中的弟弟约翰。他既是孤儿，又是兄长，这让自己从神学院那种沉思默想中猛醒过来，回到了这人世的现实中来。他又以极大的悲悯抚养被弃于圣母院钟楼前廊上，装在麻袋里的残废孩子。他暗自发誓，一定要把这弃婴抚养成人。他给这个养子洗礼，取名卡西莫多。长大的卡西莫多成了圣母院的敲钟人。

克洛德怀着虔诚的宗教信仰和如饥似渴的求知欲，在年轻的时候就成为教会的头面人物和博闻强记的学者。他把自己关闭在圣母院里，终日研究炼金术，清心寡欲，永远以一副令人生畏的冷漠神情出现在公众面前。他禁止吉卜赛女郎到教堂空地上跳舞，但他看见在广场上翩翩起舞的爱斯梅拉达，他身上蛰伏多年的情欲之火开始奔涌，他完全失去了自制力。他清楚地意识到，这种无法控制的欲念必将把他带向可怕的深渊。他面前只有两种选择，不惜一切占有她，或者置她于死地。他指使卡西莫多在夜深人静时抢走她。卡西莫多抢人时被卫队抓住了，而他却偷偷地溜走了。

第二天早上，被捕的卡西莫多被带到法庭上接受审判。钟声让卡西莫多丧失了听力，成了聋子。而负责审理卡西莫多的检察官孚罗韩·巴赫倍第昂也是一个聋子。他的提问卡西莫多一句也听不懂，一句话也没有回答，聋子法官竟做出"公正"的判决：将犯人带到圣母院广场的绞台上鞭挞并磨转两个钟头。

卡西莫多被绳子和皮带绑在绞台转盘上，他跪在绞台的板上。刽子手用脚转动绞盘的轮子，皮鞭像阵雨似的落在可怜的敲钟人的肩膀上，一下接着一下，又是一下，又一下……轮子一直不停地转动，鞭子落下，血迸溅出来，血在肩膀上流淌。卡西莫多眼里冒着怒火，拼命挣扎着，最后筋疲力尽地垂下头。卡西莫多所受的酷刑在围观者中不仅没赢得丝毫同情，反而遭到咒骂、嘲笑，甚至有人向他投石子。卡西莫多在烈日的暴晒下延挨着时间。他突然看见了副主教克洛德骑着一头骡子经过这里。他脸上顿时露出了温和的笑容。可是这位使他受刑的罪魁匆忙躲开了。一个多小时过去了，卡西莫多口渴难当，便号叫道："给我水喝！"这反倒引起一阵戏弄和咒骂声。卡西莫多的脸涨得紫红，淌着汗，眼里闪着狂野的光，嘴里因愤怒的痛苦而吐着泡沫，舌头一半伸出在嘴唇外面。几分钟之后，他又用更愤怒的声音叫道："给我水喝！"仍然只有哄笑声。卡西莫多第三次发出"给我水喝"的喘息声。这时只见一个装束奇特的少女，带着她那金色犄角的小白山羊，手里拿着一只巴斯克手鼓，分开众人，走向绞台。卡西莫多见到来人正是自己昨夜想要背走的那个少女，他害怕了。少女一言不发，默默走近那个扭动着身子妄图避开她的罪人，然后从腰带上解下一个水壶，轻轻地把水壶送到那可怜人干裂的嘴唇边。

这个代别人作恶而受刑的人，这个可怜人的眼睛里，滚动着一大滴泪珠，随后沿着那张因失望而长时间皱成一团的丑脸，缓慢地流下来。这是他有生以来第一次流下的眼泪。他渴得口干舌燥，一口气接一口气地喝着。喝完了，那可怜的人用一种带有自责和悲哀的眼光注视着少女。这样一个美女，娇艳、纯真、妩媚，却又如此纤弱，竟这样诚心诚意地跑来援救一个可怜、难看和凶恶的人。台下的围观者也被感动了，大家拍手叫好。

寡妇的女儿贡得罗西耶·佛勒赫·得·李是侍卫长法比的未婚妻。佛勒赫·得·李疑心法比和卖艺的吉卜赛女郎有暧昧关系，便把爱斯梅拉达从卖艺的广场叫到贵族的府邸。吉卜赛女郎的美貌惊呆了她们。她们对她进行尖刻的讽刺和恶毒的讥诮，表现出贵族阶级的傲慢与残忍。吉卜赛女郎的眼睛和脸颊，不时燃烧着愤怒的光芒，鄙视她们那种傲慢。她始终没有开口，望着法比，她的目光中包含着幸福和深情。法比为爱斯梅拉达的美貌所吸引，他要爱斯梅拉达深夜到指定的地点同他相会。爱斯梅拉达带着她那颗受伤的心，牵着小山羊离开这个讨厌的地方。

副主教克洛德偷听了法比告诉约翰今晚与爱斯梅拉达约会的事情，愤怒和嫉妒如烈火灼烤着他的心。克洛德一路跟踪法比来到夏娃苹果酒馆。法比和爱斯梅拉达幽会时，爱斯梅拉达向法比倾吐了热烈真挚的情感，而法比却逢场作戏、轻佻放荡。窥视这一幕的克洛德欲火中烧、难以克制，像一个黑色的幽灵从阴暗的角落窜出来，用匕首将法比刺伤，跳窗潜逃，以此嫁祸吓得不知所措的爱斯梅拉达。

爱斯梅拉达被指控为女巫，以伙同黑衣人刺杀军官的杀人罪名打入监牢。爱斯梅拉达在法庭上接受刑讯逼供，而真正的杀人凶手克洛德却高坐在审判席上诬陷爱斯梅拉达是以巫术害人的杀人凶手。不管爱斯梅拉达怎样申诉，怎样大叫冤枉，教廷和法庭仍然串通一气。爱斯梅拉达被屈打成招，克洛德利用副主教的权势通过法庭判了爱斯梅拉达绞刑，翌日执行。爱斯梅拉达被丢进死囚地牢。当晚，克洛德窜进地牢，向少女坦白了自己所做的一切，向她表露了内心的巨大痛苦，要带她一起逃走，企图诱使爱斯梅拉达满足他的兽欲，被爱斯梅拉达拒绝了。

第二天，爱斯梅拉达被拖到广场的行刑柱旁。广场上聚集了数不清的人群。副主教克洛德借口听犯人忏悔，接近女郎并且对她说，只要答应爱他就可以把她从死刑柱上救下来。爱斯梅拉达拒绝了。刽子手把她的双手捆起来，押上囚车。她望着天空、太阳，无意中见到了法比，女郎的心为之快乐忘记了死的悲哀，叫喊："法比！我的法比！"站在露台上冷眼观看执刑的法比队长，却皱了皱眉头，同身旁的贵族小姐一起躲进露台上的玻璃窗门后面去了，窗门随即关上了。爱斯梅拉达的心碎了，她一下子瘫倒在地。刽子手要执刑了，就在这千钧一发的时刻，敲钟人卡西莫多迅速地跨过长廊的栏杆，手脚膝盖并用，抓住绳子，滑到教堂正面，从屋顶上跳了下来，飞快地跑向两个隶役，将他们打翻在地，抱起吉卜赛女郎，像闪电一般跑进了巴黎圣母院。他把爱斯梅拉达举过头顶，用一种令人惊骇的声音叫道："圣地！"这时，布满在刑场上的人们也反复喊道："圣地！圣地！"成千的人向着教堂大拱门下紧抱着爱斯梅拉达的卡西莫多鼓掌欢呼。卡西莫多的独眼闪耀着快乐和自豪的光芒。

卡西莫多将爱斯梅拉达安置在巴黎圣母院的钟楼上。他对害怕的爱斯梅拉达说："我吓着您了，我很丑，是吗？别看我，只听我说话就行。白天您待在这里，夜里您可以在整个教堂里到处走。不过，无论白天或夜晚，你都不要走出教堂。不然的话，你就完啦。人家会杀了你，我也会死去。"他对爱斯梅拉达的爱是一种崇敬的仰慕的爱，他对爱斯梅拉达的爱达到了无私、忘我、崇高的地步。他忠心地、小心地、无限爱怜地照顾着给他以灵魂的美丽而不幸的少女。他每天给爱斯梅拉达送食物，深夜就蜷伏在她的住屋外面的一块石头上，小心地保护她。副主教克洛德在钟楼上发现了爱斯梅拉达藏身的地方，半夜里欲对她图谋不轨时，卡西莫多坚决阻止了他。他头一次向这个自己俯首帖耳的恩人表示反抗。

爱斯梅拉达在卡西莫多的保护下，在圣母院的钟楼上生活着。然而，宗教法庭宣布，教堂圣地不容女巫亵渎，要取消避难圣地。国王已经作了决定，要在3天后绞死这个无辜的姑娘。司法机关要去圣母院重新逮捕爱斯梅拉达。"奇迹王朝"的下层人民得知这一消息，在"国王"克罗班·徒意福的带领下，当晚即聚集在圣母院门前。午夜12点，一大群衣服破烂的男男女女，他们高举着镰刀、长矛、尖锄等向巴黎圣母院广场前进，营救他们的姊妹爱斯梅拉达。"国王"克罗班·徒意福一手持火炬，一手持短棍，爬到一个木桩上演讲："巴黎的大主教、国会议员听着，我们的姐妹，以莫须有的行妖罪名而受到判决，躲进了你的教堂，你必须给予庇护。

然而，法庭要从你的教堂里把她重新逮捕，你们竟然同意，致使她明天就会在广场上被绞死。主教，假如你的教堂是神圣的，我们的姐妹也是神圣的。要是我们的姐妹不神圣，那么你的教堂也不神圣。所以责令你把那姑娘还给我们，如果你想拯救教堂的话。否则，我们要把姑娘抢走，并洗劫你的教堂！"

克罗班的话音刚停，30个强壮的弟兄就冲上去敲打巴黎圣母院的大门。突然，空中掉下来又粗又长的梁柱，砸烂了教堂台阶上10来个流浪汉，人们吓得四处逃开。克罗班又指挥人群用弓箭、火枪向教堂前墙射去。克罗班思考着对策，指挥强壮的弟兄扛着柱子往圣母院的门上撞。不料，空中又掉下许多石子，石子像雨点似的落在流浪汉们的身上，成堆的弟兄被打死，成百的人被打伤。流浪者们为救出他们的姊妹，为救出他们理想中美与善的象征，他们奋不顾身，前赴后继地向巴黎圣母院这块禁地冲去。广场上一片喊杀声，火光冲天。圣母院眼看就要被流浪汉们攻陷了。

这天夜里，皇家侍卫官将平民攻打圣母院的消息报告了国王路易十一。路易十一恶狠狠地下令："把平民杀尽，把女巫绞死。"国王的军队出动了。只见火把如长龙，骑兵密密麻麻，浩浩荡荡冲向前来。那狂呼怒吼的嘈杂声，宛如暴风骤雨，席卷广场："法兰西！法兰西！把贱民碎尸万段！"卡西莫多听不见喊声，他认出骑兵队为首的是法比队长，他带领着马队前来攻打起义的人们。流浪者们拼死抵抗，克罗班被罪恶的子弹打倒，军队的炮弹不停地射向失去首领的人群，大批的平民百姓倒在血泊中，圣母院门前的广场上留下大批的尸体，其余的人只得四散逃命。卡西莫多看到流浪汉们溃逃，以为"抢劫"女郎的人群被他"打垮"了，他欣喜若狂，如痴似醉，愚蠢地以为受他保护的吉卜赛女郎安然无事了。当他怀着胜利的快乐心情走进爱斯梅拉达住的小屋，他愣住了，惊呆了，里面却空无一人。

流浪汉进攻教堂时，爱斯梅拉达在睡梦中被惊醒。惶惶中，忽听到有脚步声，遂转头一看，是甘果瓦和一个黑衣人，其中一个提着一盏灯，走进她的小屋。爱斯梅拉达对蒙面黑衣人本能地反感，但同他一道来的有女郎的同伴甘果瓦。甘果瓦说："外面有人要把您重新抓去吊死，我们是您的朋友，救您来的。快跟我们走。"蒙面黑衣人捡起灯笼，走在前面。爱斯梅拉达随同他们走下塔楼，穿过教堂，黑衣人用他随身带的钥匙开了门，穿过荒地，向岸边走去。

他们上了小船，朝岸边划去。船靠岸了，她独自跳下船去，木然地站了一会儿，望着流水出神。等她稍微清醒过来，发现只剩下自己和黑衣人一起待在码头上。黑衣人紧紧抓住她，迈开大步向河滩广场走去。只见广场中央矗立着一个像十字架样的东西，那是绞刑架。她认出了这一切，明白自己身在何处了。当他们来到广场绞架下，蒙面人露出克洛德的真面目，指着绞刑架，冷冷地对她说："在我和它之间抉择吧。"

她挣脱出他的手，一下子扑倒在绞刑架下，拥抱着那根阴森恐怖的支柱。她沉痛而又绝望地对克洛德说："它叫我厌恶的程度，还远不如你呢。"克洛德疯狂了，将爱斯梅拉达拖到广场边的石屋，将爱斯梅拉达交与女修士居第尔，他去找官兵。居第尔在16年前被吉卜赛人偷走了她的独生女儿，她仇恨吉卜赛人。看到这个吉卜赛姑娘，顿时眼里露出了凶光，她使出了全身力气要将这个无辜的女孩子撕碎。正当她死命地撕扯时，突然从爱斯梅拉达的胸前掉下来一只小绣鞋；这只小鞋同她紧握在手里的那一只恰好是一对。这小鞋上缝着一张羊皮纸，上面写着："此鞋若成对，汝母抱汝臂。"这是一个奇迹，母女俩在危难中相认。母亲使出平生力气，用石头砸断窗上的铁条，把女儿藏在仅能容身一人的斗室中。追兵来了，克洛德指明爱斯梅拉达藏在这里。母亲苦苦哀告，用尽全部的力气去阻挡，可是皇家卫队将爱斯梅拉达从母亲手中抢走了。母亲眼见亲生女儿失而复得，得而又失，惨痛失望到极点。她呼唤女儿，她女儿不是吉卜赛人，是从小被人偷走的基督徒的女儿；她不是巫女，她是一个好姑娘。可是罪恶的教廷和封建统治者没有丝毫的慈悲心。母亲向刽子手猛冲过去，狠狠咬住他的一只手，结果被狠狠地推开。只见她的脑袋耷拉下去，重重地砸在石板地上，倒在地上死去。

回到教堂顶上的克洛德，亲眼看见爱斯梅拉达被送上绞架绞死，不禁发出魔鬼般的狞笑。卡西莫多见到克洛德脸上露出的笑容，疯狂地向他猛扑过去，从教士的后背狠命一推，把克洛德推下去。卡西莫多抬眼望着爱斯梅拉达，只见她的身子远远悬吊在绞刑架上，在白袍下面，微微颤抖，那是临终前最后的战栗。接着，他又垂目俯视副主教，只见他横尸在钟楼下面，已不成人形。他泣不成声，凹陷的胸脯鼓起，说道："天啊！这就是我所爱过的一切！"傍晚，圣母院的敲钟人卡西莫多失踪了。

甘果瓦救出了小山羊。法比队长结婚了。

18个月之后，有人在埋葬爱斯梅拉达的蒙特佛贡地窖发现一男一女两具尸体，男尸将女尸紧紧抱住。女尸，有珠链，颈上挂有袋子，显然是爱斯梅拉达。那一具男尸是驼背，瘸腿，颈骨无断痕，显然是卡西莫多。人们把他从他所搂抱的那具骨骼分开来时，他顿时化作了尘土。

【赏析】

浪漫主义长篇小说《巴黎圣母院》，描述的是15世纪法国巴黎圣母院发生的一个故事。作者通过爱斯梅拉达为代表的善良无辜的平民百姓受到教会和封建专制制度的摧残、迫害直至死亡的故事，有力地控诉了教会和封建专制制度的罪行，揭露了禁锢人们思想的宗教的虚伪，歌颂了下层劳动人民的善良、友爱和舍己为人的精神，反映了雨果的人道主义思想。

爱斯梅拉达是雨果塑造的理想人物，是善与美的象征。她纯洁善良，酷爱自由，热情豪爽，品格坚贞，是一个被下层人民所同情和喜爱的姑娘。她本生长在基督徒的家庭，在襁褓中就被吉卜赛人偷走。长大后，她流浪街头，以卖艺为生，与流民为伍，饱尝了人生的苦难与辛酸。

她富有同情心，肯于帮助不幸者，她把辛苦卖艺得来的钱，分散给穷人家的孩子。当穷诗人甘果瓦误入"奇迹王朝"，乞丐们要吊死他的时候，为挽救甘果瓦的生命，爱斯梅拉达尽管不爱他，她却公开宣称愿意同甘果瓦结婚；当卡西莫多被鞭打，在烈日下口渴难忍之际，她不计前嫌，不顾众人讥笑，在大庭广众之下送水给受刑的卡西莫多喝。

她忠于爱情，对爱情抱着至死不渝的信念。她丝毫不怀疑心上人法比的背叛；她面对克洛德的淫威，宁为玉碎，不为瓦全。她憎恨一切伪善者和残害他人的人。

这个洁白无瑕的姑娘在黑暗的中世纪引起人们强烈的爱和憎。下层人民喜爱她，他们在爱斯梅拉达身上寄托了希望与理想。上层社会容纳不下她，他们栽赃、诬陷，指控她是杀人犯、是巫女。是黑暗的封建专制教会势力活活地将她杀害了。她的被毁灭，有力地控诉了封建专制的残酷统治，揭露了教会邪恶势力的罪恶，同时也唤起了人们对真善美的追求。

卡西莫多是雨果理想中的"善"的化身。他外表丑陋，身体残废，受尽嘲弄，但内心纯洁，是一个富有正义感、富于感情的人。卡西莫多是令人同情的，他在襁褓中就被父母抛弃在修道院中，是副主教克洛德将他抚养长大。他担任巴黎圣母院的敲钟人，把生的欢乐和希望全部注入洪亮悦耳的钟声中，钟声给了他无上的安慰和快乐。他崇拜克洛德，感戴他的养育之恩。因此当克洛德要他去抢劫爱斯梅拉达时，他习惯地服从了。当他在烈日下被拷打得口干唇裂得到爱斯梅拉达的救助之后，他被爱斯梅拉达美与善的人格所感化，愿意为她赴汤蹈火。当爱斯梅拉达受刑时，他从刑场上将无辜的爱斯梅拉达救走。他对爱斯梅拉达的爱混合着感激、同情和尊重，是一种无私的、永恒的、纯洁的爱。他深深地爱上这个天使般的姑娘，他的爱是谦卑的，富有自我牺牲精神的。他为了保护爱斯梅拉达不被克洛德玷污，日夜守卫在门外。为了爱斯梅拉达不被"抢走"，他赤手空拳"抗击"愤怒的人山人海。这种爱完全不同于克洛德那种邪恶的占有欲，也不同于花花公子法比的逢场作戏。爱斯梅拉达被杀害了，当他认清自己一向尊崇、爱戴的副主教克洛德竟是谋杀美与善的爱斯梅拉达的元凶时，他毫不犹豫地除掉了这个人面兽心的伪君子。

卡西莫多是雨果笔下的下层人物，他的思想行为的变化体现了作者一贯主张的以道德感化为中心的人道主义思想，这是雨果长篇小说的基本思想。他力图使人们相信善良、仁慈等道德力量能够战胜邪恶、挽救人类。雨果通过卡西莫多这一形象，树立起一个人类灵魂美的典型。这一形象还体现了善战胜恶、真诚战胜虚伪的信念。

与爱斯梅拉达、卡西莫多这两个正面人物相对照的是克洛德和法比这两个反面人物。

克洛德是一个有着双重性格的人物。他是一个在宗教桎梏下性格畸形发展的悲剧性人物。在他的身上体现了天主教倡导的禁欲主义同他本质上的纵欲主义之间的矛盾。一方面，他是宗教恶势力的代表，表面道貌岸然，仪表堂堂，实则自私、虚伪、极端残忍，内心阴险毒辣。为满足自己的欲念不择手段：他出于淫欲指使卡西莫多劫持爱斯梅拉达，他出于嫉妒刺伤法比却嫁祸于爱斯梅拉达，他因得不到爱斯梅拉达的爱情和肉体而将她置于死地。另一方面，他又是宗教禁欲主义的牺牲品，长久的禁欲扭曲了他的灵魂。他越是意识到自己失去了人间的欢乐，越是仇恨世人，仇视世间一切美好的事物。宗教的教条要求他摒弃世俗的享乐生活以换取灵魂得救。因此，他表面装着躲避女性，远离人群，厌弃生活中的一切乐趣，实际上他忍受不了禁欲主义的枷锁。他对美丽的爱斯梅拉达产生了疯狂的淫邪念头，对爱斯梅拉达的渴望不是出于爱情，而是出于一种变态的、可怕的欲念。为此，他施展了恶毒阴谋的手段：先是引诱，引诱不成就让卡西莫多去抢，抢不到就诬陷。他亲手刺伤了法比，却诬陷爱斯梅拉达。得知爱斯梅拉达被卡西莫多从刑场救出并藏在圣母院的钟楼，他夜深入室，进行祈求、恫吓和欺骗。克洛德说："我要得到你，否则我就把你交出去！你或者死去，或者属于我！"爱斯梅拉达宁死不从。克洛德害死了爱斯梅拉达之后，自己也落个粉身碎骨的下场。雨果塑造的克洛德是最有深度的，触及了社会风气、教会权势和人性发展的方方面面。

法比是一个颇具风度的青年军官，他具有贵族子弟奢侈、放荡、轻浮等一切恶习败行。他被爱斯梅拉达的美貌所吸引，对爱斯梅拉达的爱是逢场作戏。当爱斯梅拉达被诬受刑时，他不但不为她做证洗清她的"罪名"，反而同贵族小姐贡得罗西耶·佛勒赫·得·李打得火热，把爱斯梅拉达忘得一干二净。爱斯梅拉达被处死，他竟然心安理得地同富家小姐结婚了。

雨果通过卡西莫多、克洛德和法比三个不同身份、地位、品质和外貌的男人对爱斯梅拉达的态度、追求以及结局，歌颂了真、善、美的爱情道德情操，鞭挞了假、恶、丑的不道德欲望。

小说中还出现了法王路易十一的形象。路易十一身材瘦小，像老狐狸一样狡猾。他穿着普通的市民服装，戴着粗呢缝制的帽子。他平时住在自己的城堡中，有时住在阴森可怖的巴士底监狱的房间中，这样他会感觉安全些。他一方面利用人民的力量同封建领主明争暗斗，以扩大和巩固国王的权力。另一方面他又害怕人民的力量危及他的王权，对人民的反抗斗争进行血腥镇压。小说中对他有如下的描写：当路易十一得到密报，说巴黎的民众袭击了法院大厅的审判官，他欣喜若狂，高举着帽子喊道："好啊！我的百姓们做得好！打倒这些冒充的君主，打倒他们，杀死他们，绞死他们，推翻他们！"当他弄明白起义群众不是针对法院大厅的审判官，而是攻打象征封建势力的巴黎圣母院，危及王权的安全时，他不再笑了，脸色狰狞可怕，发出"砍碎他们，杀！杀""把平民杀尽，把女巫绞死"的命令。小说里的路易十一就是这样一个一手惩治封建贵族，一手镇压平民的封建专制君王。

《巴黎圣母院》小说中人物众多，但泾渭分明。雨果笔下的下层人民，衣衫破烂，甚至外形奇丑，但人格高尚；而上层社会中的人，尽管他们衣冠整洁，外貌俊雅，但内心丑恶，精神卑下。两种人物形成鲜明的对照。

《巴黎圣母院》鲜明而集中地表现了雨果浪漫主义的创作原则和美学观点。作者依据美丑鲜明对照的艺术原则，将人物塑造和情节设置等进行对照描写，体现了奇人、奇事、奇情、奇境的浪漫主义艺术特色。

小说的人物塑造对照：1.正面与反面人物的对比。爱斯梅拉达和卡西莫多是纯洁善良、真诚美好的人性的代表；克洛德、法比则是虚伪卑鄙、自私丑恶的人性的代表。善与恶鲜明地体现在这两组人物身上，产生强烈的对照。2.正面与正面人物对比。爱斯梅拉达与卡西莫多，外貌一个奇美，一个奇丑，而心灵同样高洁。3.人物自身内外对比。卡西莫多外貌的丑陋和心灵的美好成反比，法比外表的潇洒和内心的丑恶成反比，克洛德外表的道貌岸然和内心的邪恶成反比。

小说的情节发展对照：克洛德追踪迫害爱斯梅拉达与卡西莫多时刻保护爱斯梅拉达构成对比；克洛德收养卡西莫多与卡西莫多的"恩将仇报"构成对比；女修士居第尔先前对爱斯梅拉达的仇恨与后来对爱斯梅拉达的疼爱构成对比。

小说的环境描写对照：巴黎城市和圣母院和谐美丽的自然环境与人民阴暗不幸的生活环境构成鲜明对比；草菅人命、任意诬陷、腐朽的封建王朝与尊重人权、公正廉明、高尚纯洁的"奇迹王朝"的形成尖锐对比；爱斯梅拉达与小山羊加里表演的热烈场面与克洛德阴沉枯燥乏味的书斋构成的对比。

通过对比原则的广泛运用，使得小说的情节和人物显得更奇特，主题更鲜明、突出。主人公爱斯梅拉达就是在与其他人物的对照中显示出完美的艺术形象的。小说中还将两个法庭、两种审判、两个绞架、两个社会等进行对照描写，这样更突出暴露了封建暴政的黑暗。

雨果在小说中塑造了浪漫主义的典型人物：爱斯梅拉达的美貌和人格力量是非凡的；卡西莫多的非凡表现在他可怕的外貌、奇特的举动、巨人般的体力，以及对爱斯梅拉达高尚而充满自我牺牲的爱情及表达方式；克洛德的禁欲和纵欲表现在他的自我纠结和矛盾，以及他迫害爱斯梅拉达的阴险心态和残忍手段等。这些人物的特点，表现了雨果独具的浪漫主义特征，即追求夸张、想象而不求细节的真实，不求酷似现实。

小说情节的安排上颇具匠心，情节曲折离奇，富有戏剧性，充满了现实生活中不可能有的巧合、夸张和怪诞。如："奇迹王朝"对甘果瓦奇特的审判；卡西莫多劫法场，一人抵御千军万马的进攻；母女重逢的悲喜急转；卡西莫多的尸骨一被分开就化为灰尘等。这大大加强了小说的戏剧性，从而增强了小说的感染力。

小说在艺术构思和表现手法上是浪漫主义的。它的主观感情强烈，想象丰富瑰丽，场面宏伟变幻。它有着奇异紧张曲折的情节，不同寻常的环境，个性鲜明的人物，华丽活泼的语言。它的描述是夸张的，采取了真与假、善与恶、美与丑、正义与非正义的对照写法，构成小说绮丽多姿、色彩绚烂的艺术特色。

《巴黎圣母院》这部扣人心弦的浪漫主义长篇小说，曾多次被改编为电影、歌剧和芭蕾舞剧而搬上许多国家的银幕和舞台。迄今100多年，它的艺术青春经久不衰，可见它确是一部脍炙人口的艺术珍品。

《悲惨世界》

《悲惨世界》是雨果在流亡时期创作的一部长篇小说，发表于1862年。它是雨果创作高峰时期的作品，是雨果现实主义小说中最成功的一部作品，是19世纪法国最著名的小说之一。雨果自称这部《悲惨世界》为"社会的史诗"。

【写作背景】

《悲惨世界》是以真实的故事为蓝本而创作的小说。有关资料提及，1801年有一个名叫彼埃尔·莫的穷苦农民，因饥饿偷了一块面包而被判5年苦役。出狱后，他带着黄色身份证寻找工作，结果处处碰壁；雨果年轻时的好友维多克因参加秘密活动被迫逃亡的生活经历；1828年，雨果搜集到了米奥利斯主教及其家庭的资料，其中有一个释放的苦役犯受到主教感化而弃恶从善的故事；雨果参观了布雷斯特和土伦的苦役犯监狱；雨果在街头目睹了类似芳汀受辱的场面。这些真实事件深深地刺激着雨果，他决定以此为材料写一部长篇小说。

七月革命之后，法国建立了以路易·菲利普为首的大资产阶级统治的奥尔良王朝——七月王朝。金融贵族和银行家掌握了国家政权之后，社会矛盾日益加深，劳动者和资产阶级矛盾尖锐起来。1831年11月21日，爆发了大规模的法国里昂工人反对资本家压榨的武装起义。起义被政府军血腥地镇压下去了。

1832 年 6 月 1 日，共和党领袖让·马克西米利安·拉马克将军病逝，共和党人感到和平变革的希望幻灭了。6 月 4 日，共和党人领袖举行大规模的示威游行，发动起义。起义者占领了军火库、市政厅和巴士底狱。一夜间，大街上垒起了数百个街垒。政府调来的常备兵团和重炮部队与起义军展开了街垒战。6 月 6 日晚，起义被镇压了。雨果的《悲惨世界》的第三部分再现了那个令人惊心动魄又让人无比鼓舞的历史时刻。

1832 年雨果开始构思这部小说，1840 年拟好了小说的提纲：一个圣徒的故事，一个男人的故事，一个女人的故事，一个女娃的故事。

这时，雨果当选了法兰西学院的院士，他在寻找资产阶级民主政体与君主政体相结合的政治制度，写作的事情就耽搁下来。1843 年，他写的剧本《城堡里的伯爵》首演时被观众喝倒彩，遭到失败。同年，大女儿与她的丈夫在塞纳河不幸溺水身亡，雨果的心情难过到了极点。一直到1845 年 11 月，雨果才开始创作，定名为《苦难》。1848 年 2 月 22 日，法国爆发了二月革命。雨果又停下写作，和激昂的人们走上街头。二月革命推翻了"七月王朝"。临时政府宣布成立共和国，即法兰西第二共和国。

1851 年路易·拿破仑·波拿巴发动政变，宣布帝制，大肆进行镇压民众。雨果坚决反对路易·拿破仑·波拿巴的恢复帝制和修改宪法，遭到政府的通缉，被迫流亡国外达 19 年之久。流亡期间，他与法国当局的独裁政权进行不懈的斗争，这种政治斗争激情推动着他的创作激情，促使着他在原来构思的基础上深化了作品的主题思想。

1860 年 4 月，雨果对手稿做了重大修改和调整，定名为《悲惨世界》。1861 年 7 月 30 日，雨果完成了这部巨著。《悲惨世界》第一卷于 1862 年 4 月 3 日开始问世，到 6 月陆续出版完毕。雨果写作的这部小说跨越了20 年，终于完成了这部具有丰富的社会、历史内容和巨大艺术感染力的长篇小说。

《悲惨世界》以巴黎人民举行起义推翻"七月王朝"这一系列波澜壮阔的历史事件为背景，生动地描写了19世纪法国劳动者因失业、贫困而招致堕落、毁灭的悲惨生活图景。对资本主义的残酷剥削和法律的不公平，提出了强烈的抗议。这部作品对世界产生的影响，是巨大而深远的。19世纪俄国的伟大批判现实主义作家列夫·托尔斯泰认为它是当时法国最优秀的作品。

【故事梗概】

第一部　芳汀

在法国南部一个称作迪涅的小城，那里有一位名叫查理·佛朗沙·卞福汝·米里哀的主教。这个75岁的老人出身贵族，学识渊博，淡泊名利，为人谦卑。法国大革命后，其家族随之败落，他的生活俭朴清寒。无论对待什么事情，他都是那么正直公平。他一生乐善好施、博爱人道、克己恕人、济世救人。他每一天都在祈祷布施，为抚慰人们心灵和医治社会痛疽而奋斗。他种一块地，用收获的粮食和蔬菜来招待过路的客人，还把每年从政府那里领取的1.5个法郎薪俸全都捐给当地的慈善事业。所以，这里的人们都很喜欢他。他认为，只有彼此相爱才能解除人们的痛苦。

1815年10月初的一个黄昏，有一个劳累不堪的行人来到这里。他大概四十六七岁，身材中等，体格粗壮。一顶皮帽遮住了被太阳晒黑的脸，粗布衬衫的领口上露出毛茸茸的胸脯，一条破领带挂在脖子上；蓝棉布裤也磨损不堪，一个膝头成了白色，一个膝头有了个窟窿；一件破旧褴褛的老灰布衫，左右胳膊肘处，都用麻线缝上了一块绿呢布；他背上有只布袋，装得满满的；手里拿根多节的粗棍，没穿袜子的双脚穿着钉鞋。他汗流浃背，给那潦倒的人添上了一种说不出的狼狈神情。

这人名叫冉阿让，出生在一个贫穷的家庭，自小失去了父母，由姐姐抚养成人。他靠剪树枝为生。姐夫不幸去世，留下7个可怜的孩子，最大的8岁，最小的才1岁，全靠冉阿让每天不停地工作来养活他们。在修剪树枝的季节里，他每天可以赚18个苏，而在不忙的时候，他就替人家割麦子、放牛等。

1795年的冬季，冉阿让失业了。他找不到工作，兜里一点钱都没有了，眼看着姐姐的7个孩子挨饿。在一家人濒临饿死边缘的情况下，一天夜晚，他万般无奈地用拳头打破面包店的玻璃橱窗，抓走了一块面包。为此，冉阿让被捕，他以偷盗罪被法院判处5年苦役。冉阿让在监狱中记挂那几个无衣无食的孩子，特别是听到他姐姐带了一个7岁的孩子在印刷厂做工的消息之后，他就常想那6个孩子到哪里去了？他在第4年的年末越狱了，但被抓了回去；第6年他又越狱了，也没逃脱；第10年他又逃了一次，也没有成功；在第13年，他又试了最后一次，只4个钟头就被拘捕了。由于逃跑了几次，加判了徒刑，直到第19年才刑满释放。冉阿让从1796年被关了起来到1815年释放出来时，已有46岁了。他承认自己不是一个无罪的人，但他认为法律对他的处罚太重了。他的结论是：他所受的处罚，实际上不仅是不公允，而且是不平等。他认为不仅社会有罪，上帝也有罪。这个年近半百的苦狱囚犯怀着愤懑从监狱中出来。

他已经走了4天了，这一天他走了12法里来到迪涅城。天色渐渐黑了下来，他开始找旅店投宿，由于身上带着黄色身份证，他走遍了所有的店铺、旅馆和酒店，没有人愿意让他住。他走到监狱，想去找一个住处，看门的也不肯开门。他到过狗窝，狗把他咬了出来。无奈的他只好敲居民的门，想借宿一夜，但是居民也没有人愿意收留他。天已经黑了，他到城外，想在田野上露宿。这时天要下雨了，他找到一块石板，准备躺下去时，一个老婆婆指给他主教的家。他敲响了主教的大门。

米里哀主教刚从外面回来，听到了敲门声，说："请进来。"冉阿让进来之后就开始向主教介绍自己："先生，我是个苦役犯，已经坐了19年牢，刚刚被放出来。我打算到别的城市去，今晚要在这里过一夜，但是这里却没人愿意收留我。我有109个法郎15个苏的积蓄，是我在监牢里用19年的时间做工赚来的，可以付账。我困极了，走了12法里，我饿得很。您能让我住下吗？"主教说："先生，请坐，烤烤火。等一会儿，我们就吃晚饭，您吃饭的时候，您的床也就会预备好的。不用付账。"说完便安排了晚餐。冉阿让在晚餐端上来后，立刻狼吞虎咽地吃了起来。临睡前，主教还给他在床上铺了一张洁白的床单，这是冉阿让19年来第一次睡床。

冉阿让没有想到主教不但不撵他走，还称呼他先生，给他一张有褥子有床单的床，请他吃饭，还不要他付钱，这是他做梦也想不到的。他虽然一时受到感动，但由于长期的牢狱生活，仇视法律、对社会充满敌意的他不再相信任何人，性格变得凶狠而孤僻。可能由于第一次睡得这么舒服，半夜时，他反而醒了，就在他胡思乱想的时候，他看到主教家6副发亮的银器，不禁心中一动。他轻轻地下了床，偷了古银器逃跑了。很不幸的是，没跑多远他就被警察逮住了。

清晨，冉阿让被警察押来见主教。他有些灰心丧气，心想自己只能等待着厄运的到来了。这个以仁爱为怀的米里哀主教出乎他的意料。主教一见到他们出现在门边，便加快脚步迎了上去，"呀！您来了！"他望着冉阿让大声说，"我真高兴看见您。怎么？那一对烛台，我也送给您了，它和其他的东西一样，都是银的，您可以变卖200法郎。您为什么没有把那对烛台和餐具一同带去呢？"冉阿让睁圆了眼睛，瞧着那位年高可敬的主教。"我的主教，"警察队长说，"难道这人说的话是真的吗？我们碰到了他。他走路的样子像个想逃跑的人。我们就把他拦下来，看看，他拿着这些银器……"主教笑容可掬地打断他说道:"这些银器是一个神父老头儿给他的,他还在老头儿家里住了一夜。我知道这是怎么回事。你们误会了。"警察以为抓错了人,便把冉阿让放了。冉阿让几乎不相信这一切,他惊愕地说:"我被放了?"主教拿出一对银烛台递给冉阿让,然后低声对他说:"不要忘记,您用这些银子是为了成为一个诚实的人。"他又郑重地说:"冉阿让,我的兄弟,您现在已不是在恶的一面的人了,您是在善的一面了。我赎的是您的灵魂,我把它从黑暗的思想和自暴自弃的精神里救出来,交还给上帝。"

冉阿让受到极大的震动,他全身发抖,就像要昏倒一样,不知说什么好。他拿上主教先生交给他的一对银烛台,逃走似的仓皇出了城。

冉阿让离开主教后,心情很不平静,说不出是受了感动还是受了侮辱,许许多多莫名其妙的感触一齐涌上他的心头。正胡思乱想时,他看见一个10岁左右的穷孩子走来,拿手中的几个钱,做着"抓子儿"的游戏。突然,小孩子那个值40苏的钱落了空,滚到了冉阿让的脚边。冉阿让一脚踏在上面,"你叫什么?""小瑞尔威,先生。""滚!"冉阿让说。孩子哭着讨要硬币,冉阿让也没有给他。抢走了孩子钱的冉阿让抬起头,仍旧坐着不动,他的眼神迷糊不清,他在紊乱的心绪中听到了孩子逐渐远去的哭声。这时,他想起了主教对他说的话,后悔莫及,他追向孩子离去的方向,却没有看到小瑞尔威的身影,他心里暗骂自己是个无赖。冉阿让感到十分懊恼,流着热泪,泣不成声,他经历了痛苦的思想斗争后下决心洗心革面,从此改恶向善,重新做人,走一条自新的光明之路。那晚夜深人静,一个马车夫在主教院附近等人,他看到冉阿让在主教院门前跪了很久。

1815年12月的一个黄昏,冉阿让来到法国偏僻的滨海蒙特勒伊城时,正遇到区公所失火,他不顾生命危险跳到火里,救出两个小孩,那两个小孩恰是警察队长的儿子,因此大家都没有想要验他的护照。从那一天起,大家都知道了他的名字，他叫马德兰。

滨海蒙特勒伊是个轻工业城市，有一种仿造英国黑玉和德国烧料的特别工业。那种工业素来不发达，因为原料贵，生产水平很低，影响到工人的工资。在燃料工业方面，马德兰在制造中发明了用漆胶代替松胶，改革了生产的工艺，大大地降低了成本，增加了利润，提高了工人的工资。特别在手镯方面，他在做底圈时，采用只把两头靠拢的方法代替那种两头连接焊死的方法。不到 3 年，马德兰已成了蒙特勒伊的大富翁。

马德兰用获得的利润在城里建造了高大的厂房，招聘有技术又诚实的男女工人在车间干活儿。他要求男工要有毅力，女工要有好作风，无论男女都应当贞洁。他为工人们兴办了许多慈善事业，如幼儿园、小学校、医院等。小城也因他而繁荣起来，人们拥戴他做了市长，尊他为马德兰市长先生。

现在的马德兰已经 50 多岁了，虽然他拥有财富，但他的生活还是和当初一样朴素。他头发灰白、目光严肃、神情沉郁，像个哲学家。他经常戴宽边帽，穿粗呢长礼服。白天，他执行他的市长职务，下班以后便闭门深居。他待人温和，谈吐谦恭文雅，做了许多善事。

一天早晨，马德兰先生经过滨海蒙特勒伊城一条没有铺石块的小街。他听见一阵嘈杂的声音，远远望见一群人。他赶到那里，看见一个叫割风的老人被压在马车下面，整个车子的重量都压在他的胸口上。也许过不了 5 分钟，老人的肋骨就会被折断。马德兰市长看出此时找工具已经来不及了，只有一个办法可以救出这个垂死的老人，那就是必须有人钻到马车底下把马车顶上来，老人才能得救。周围的人虽然多，但他出 20 个路易也没有人愿意这么做。马德兰不顾自身的年龄和危险，双膝跪下，爬到车子下面去，用腰使劲儿将马车向上顶。他使尽了自己最后的一点力气，车子慢慢从泥坑里升起来了。割风老人终于得救了。割风老人吻着马德兰的膝头，称他为慈悲的上帝，围观的人都感动得哭了。割风老人的膝盖骨脱臼了，马德兰叫人把他抬进工厂疗养室医治，还给了他一张1000法郎的票据，又把他介绍到巴黎圣安东尼区一个女修道院里做园丁。

就在大家赞叹马德兰先生的善行的时候，有个身材高大，穿一件铁灰色礼服，头戴平边帽，手拿粗棍的人，他的眼睛从未离开马德兰先生。这个人是警察局的警探，名叫沙威。他40来岁，目光像一把钢锥，是一个令人心悸的恐怖人物。巴黎警察厅安插他来这里的警察局工作，暗中访察马德兰市长的来历。

在马德兰的工厂里，有一个叫芳汀的女子。她从小失去父母，从10岁开始，她不得不以做工来维持生活。她很漂亮，满头浅黄色的头发，有着洁白的牙齿。15岁那年，她和几个伙伴来到了巴黎，想在这里实现自己的梦想。她在这里被骗生下了一个女孩，叫珂赛特。在巴黎无法维持生活的她，只好背着孩子返回家乡，把女儿寄养在酒店主德纳第夫妇家里，自己便进了马德兰工厂的妇女车间当了女工。

芳汀在马德兰工厂当女工后，租了一间小屋子，还以将来的工资作担保，买了些家具。她为自己能够自食其力感到很快活，不过她避免和人谈起自己的女儿，也隐瞒着自己的过去。但为了按月给酒店主德纳第付孩子的寄养费，她定时找人代写书信。终于，这个秘密被一个妇人知道了，这个妇人随即向车间女管理员告了密。女管理员对芳汀说："你是个不诚实的女人，我只能解雇你，你违反了马德兰先生在招收工人时提出的条件。"

失业后的芳汀，生活困难万分，家里除卧榻之外，一无所有，还欠着100法郎左右的债款。从此，芳汀苦难的生活开始了，她想去做用人，但没有人肯雇佣她，她女儿的寄养费也无法按月寄去。另外她还拖欠房东的房租。她只得去替兵营里的士兵们缝补粗布衬衫，每天可以赚到12个苏，而这12个苏中有10个苏要交给收养珂赛特的酒店主德纳第夫妇。雪上加霜的是，德纳第夫妇是一对贪财好利的人，他们像豺狼一样贪婪残忍，不断地要求增加寄养费，费用由每月6法郎加到12法郎后，又强迫她从12法郎增至15法郎，他们想尽了各种办法来勒索芳汀。

芳汀欠的债愈来愈重了，德纳第夫妇给她写信的次数也愈来愈多了。有一次，信上说小珂赛特在寒冷的冬天没有一点儿衣服，需要一条羊毛裙，要10法郎才能买到。芳汀无奈只得将她一头金丝美发剪掉卖了10法郎，买了一条绒线编织的裙子寄给了德纳第。可是德纳第将裙子给他自己的女儿穿了。过了不久，德纳第夫妇又来信，说珂赛特患了猩红热，务必在8天之内寄来40法郎，否则孩子就完了。芳汀被逼无奈，将两颗雪白闪亮的门牙卖了40法郎，寄到孟费郿去了。可是小珂赛特并没有害病。可怜的芳汀，她已经穷到一块破布当被子、一条草席当褥子了。她每天缝补17个钟头，由于工资压低了，她只能挣9个苏。债主们又成天逼她还债，使她没有片刻的休息。正当她无路可走的时候，德纳第又来信说要100法郎，否则就要把珂赛特撵出去。在德纳第夫妇的要挟下，芳汀为了自己的女儿，最后不得不做妓女。她变老了，比以前丑了很多，而且还得了肺病。

1823年1月，一个雪后的夜晚，一个时髦的纨绔子弟对着芳汀喷烟雾，口里还讲着侮辱人的话。芳汀不理他，那人弯腰抓了一把雪，一下子塞到芳汀赤裸裸的肩膀中去。芳汀忍无可忍惊叫一声，跳上去，揪住那个人，用指甲掐进他的面皮。警察沙威恰巧看到了这一幕，不由分说地抓住芳汀。他认为应该判芳汀6个月监禁，其理由是一个娼妓竟敢冒犯一个绅士。马德兰目睹了事情发生的经过，出面解救芳汀，命令沙威放人，并答应替芳汀还债，还要把她的孩子接来，让她脱离现在这种下贱的生活。

芳汀被安顿在厂房疗养室治病，尽管马德兰几次寄钱要德纳第把珂赛特送到蒙特勒伊城，然而店主找出各种理由不放孩子走。马德兰准备必要时自己走一趟，正在这个关头，发生了一件大事。

有一个叫商马第的工人，由于拾了道旁有苹果的树枝，被当作盗窃犯关在阿拉斯省级监狱。监狱看守布莱卫原先是个老苦役犯，他认为商马第就是冉阿让，因为两人无论是年纪、相貌还是身材都很像。另外两个被判终身监禁的囚犯也见过冉阿让，他们也认为商马第就是冉阿让。而被误当作冉阿让的商马第也即将在高等法院受审判。

沙威本以为马德兰市长就是冉阿让，但现在有人告诉他，冉阿让竟在监牢里了。他感到对马德兰市长的怀疑是不应该的，便登门向他道歉。

商马第案件要开庭审判了，马德兰市长内心的斗争也越来越激烈，因为自己就是冉阿让。这时候，他只要不闻不问这件事，商马第便会成为他的替身去到监狱受苦，他的"马德兰老爷"的身份就更加无人怀疑了。但是，他的良心不允许自己这么做。他心想，我隐姓埋名做好事，已经忘记过去，皈依上帝，但偏偏却发生这样的事。现在，我只有两条路可走：一是昧着良心，让那人顶替我的名字；二是去自首，再次进监狱。我要选择后一条路，去投案，我要救那个蒙受不白之冤的人，让商马第自由。他赶到阿拉斯高等法院，要用自己遭受终身监禁之苦来替换商马第无辜受刑。

在阿拉斯法庭上，正当庭长准备做出判决的时候，一个声音响了起来："你们不认识我了吗？"大家转回头，看到了刚刚进来的马德兰市长，全场立刻鸦雀无声。马德兰平静而又庄严地说："庭长先生，请拘禁我吧，我才是真正的冉阿让。"

冉阿让从阿拉斯高等法院出来，已是夜间 12 时半了。早晨 6 点前，他便赶到了滨海蒙特勒伊，到疗养室看望病危中的芳汀。

高等法院逮捕状签发出去了。检察官派了专人，星夜兼程送到滨海蒙特勒伊城。沙威奉检察官之命连夜逮捕冉阿让。沙威来到芳汀所在厂房疗养室，找到了冉阿让，要将他逮捕。冉阿让说："再给我 3 天时间吧，等我把芳汀的孩子接来和芳汀团聚后，我自己会来找你。"

沙威抓住冉阿让衣领，大声骂道："你这个土匪、下贱的苦役犯，给你3天？我为什么要给你3天，你现在就跟我走！"芳汀重病在床，见到沙威凶相毕露地威胁冉阿让时，她因惊吓过度而死，魂归大地。冉阿让为告慰死者，发誓一定要把她女儿抚养成人。之后，沙威把冉阿让投入监狱。

夜晚，冉阿让想，我现在还不能坐牢，芳汀的后事无人料理，我还答应她，接回她的女儿。我要完成对芳汀的承诺！冉阿让折断监狱窗口的铁条，从屋顶上跳下来，在守门嬷嬷的帮助下进了他自己的屋子，拿起一张纸，写好了几行字：请本堂神父先生料理我在这里留下的一切，用以代付我的诉讼费和芳汀的丧葬费，余款捐给穷人。冉阿让从橱里取出了一件旧衬衫，撕成几块，用来包那两只银烛台。他躲过沙威的搜查，离开了滨海蒙特勒伊城，向巴黎走去。

第二部　珂赛特

1823年7月，冉阿让越狱后，从银行里提取了五六十万法郎的巨款，他把它秘密地藏在孟费郿的大森林里。当他正准备乘车去孟费郿时，他被捕了，被华尔州高等法院判终身苦役。

1823年10月，冉阿让在战船"阿利雍号"服苦役。

11月17日，早晨，观众目睹了一个意外事件的发生。一个海员从高处跌落下来，只有两手抓住绳环，下面便是海。正在这千钧一发之际，只见一个穿红衣、戴绿帽的苦役犯一锤砸断了脚上的铁链，登上索梯，滑到海员身边，用索子把那个海员系住，然后攀上横杠，把那个遇险的海员提了上去，送回了桅棚。这时观众齐声喝彩，有的人还流了眼泪。那个人立即归队。他迅速顺着帆索滑下，又踏着下面的一根帆杠向前跑，突然落到海里去了。经过打捞，也泅到海底去寻找，一直寻到傍晚也不见尸首。这救助海员的苦役犯，不是别人，正是小说的主人公冉阿让。

冉阿让跳到海里逃走了。在圣诞节的晚上，他出现在孟费郿。

在一片森林的泉水边，一个面黄肌瘦的小女孩，拎着一个大水桶向河边走来。她装满了一桶水，但她只走了十几步，就累得喘不过气来。此时，一只大手抓住了桶把，冉阿让用低沉而又沉重的声音说："孩子，你提的东西太重了。"小女孩说："是的，先生。"冉阿让说："给我吧，我来帮你提。"又问："你几岁了？你的父母怎么会让你做这个？"小女孩说："8岁了。我不知道，我应该是没有父母，别人都有，可我没有。"那人有些奇怪，便问："你叫什么名字？"小女孩回答说："珂赛特。"听到这个名字，冉阿让像触电了一般，浑身抽动了一下。

这个小女孩就是芳汀的女儿珂赛特，这个8岁的小女孩看上去就像个6岁的孩子，两只大眼睛深深地隐在一层阴影里，已经失去了光彩。她身上穿的根本不能称为衣服，只不过是挂了一些破布，处处都露出被打的青紫的皮肤。那孩子锁骨的窝处深陷，说话的声音，语言的迟钝，看人的神情，一举一动都表露出她时刻笼罩在恐惧之中。由于她经常冻得发抖，已经养成了紧紧靠拢两个膝头的习惯。

酒店主德纳第原是法军里的一个中士，靠着盗尸所得，后来在孟费郿开了一家小酒店，芳汀的女儿珂赛特正落在他的魔爪之中。

冉阿让和珂赛特很快到了酒店，珂赛特敲了敲门。

德纳第太太探出头来，看到是她，张口便骂道："你这个小贱货，怎么去了这么久，你看看现在都什么时候了！"

"太太，"珂赛特浑身发抖地说，"有位客人要住店。"

第二天，冉阿让给了老板1500法郎，带走了珂赛特。他俯下身子，让珂赛特趴在自己的背上，背着她向远处走去。

从此，冉阿让带着小女孩珂赛特住到巴黎最僻静的一条街道的一所破屋的楼上。冉阿让把全部热情和慈爱倾注在这个幼小的孩子身上。如果说主教是促使他向善的第一个人，那么珂赛特就是第二个促使他向善的人。8个星期过去了，这一老一小在这简陋不堪的破屋里过着幸福的日子。他们父女相称，相依为命。冉阿让白天从不出门，只有在黄昏的时候，才带着珂赛特出去溜达一两个小时，而且总是拣那些最偏僻的胡同走。街角有一个老乞丐，他每次给这个乞丐一些钱。但好景不长，老屋里的二房东是个喜好打探别人私情的老婆子。一天，她扒着门缝张望，见到冉阿让从大衣下摆的里子里拆开一个小口，从里面抽出一张1000法郎的钞票。老婆子在打扫屋子的时候，将冉阿让挂在钉子上的大衣捏了一阵，觉得在衣摆和袖子腋下之间的里面，都铺了一层层的纸。她还注意到冉阿让的衣袋里面不仅装有针、剪子、线，还有一个大皮夹、一把很长的刀和几种颜色不同的假发套。冬去春来，有一天傍晚，冉阿让吃惊地发现，蹲在礼拜堂门口行乞的老头竟是警探沙威装的。他迅速摆脱了沙威的跟踪，回到家里。太阳落山的时候，冉阿让牵着珂赛特的手离开破屋，走出门去。

沙威原以为冉阿让在战船"阿利雍号"上落水死了。后来，他在一张报纸上读到一则新闻，说有位不知名的苦役犯，在一家旅店骗走了一个小女孩。他怀疑冉阿让还活着，便四处寻访。他在巴黎发现一个和冉阿让很像的人，这人只在黄昏出来，而且每次都会给一个乞丐一些钱，他怀疑这个人就是冉阿让。于是，他化装成乞丐，发现果然是他。

冉阿让牵着珂赛特离开大路，转进了小街。他回头看见街道黑暗处有3个人紧跟着他。冉阿让隐在一个门洞里，不到3分钟，黑暗中出现了4个人，其中的一个一回头，月光正照着他的脸，冉阿让看得清清楚楚，那人确实是沙威。冉阿让不再迟疑，赶快从藏身的门洞出来，将珂赛特抱起，两步当作一步地往前走。过了桥，他来到一条小街的岔路口上，往右走是一堵墙，墙的左面胡同已经被一个黑影挡住了去路，另一面是个没有通路的死胡同。冉阿让看到一栋非常高的房屋，房屋的一面是斜壁，一棵菩提树的枝杈从斜壁的顶上伸出来，墙上覆满了常春藤。冉阿让瞧见沙威调来了七八个大兵组成的巡逻队，很明显，他们是来搜查每一个墙角、每一个门洞和每一条小街的。冉阿让知道处境十分危险，必须赶快行动起来。他从路灯柱子上取来一根绳子，解下自己的领带接上，一头绕过孩子的胳肢窝打了一个结，自己咬着绳子的另一头。他脱下了鞋袜将它们丢过墙头，从墙角往上攀。不到半分钟，冉阿让到了墙头上，不一会儿，珂赛特离了地面，身子往上升，很快也到了墙头。冉阿让把她抱起，驮在背上，爬到斜壁上面，再顺着屋顶滑下去，滑到菩提树那里，再跳到地面上，落在一个园子里。园子相当宽广，旁边有一座堆东西的破屋，冉阿让找来鞋袜穿上，将大衣脱下裹着珂赛特。这时候天已经快亮了，在一阵奇怪的铃铛声中，看见园里走着一个瘸腿的男人。冉阿让走上前去，不料，那人却说："啊，是您，马德兰先生！"这老头不是别人，正是冉阿让曾经救助过的割风老人。这里是坐落在比克布斯小街 62 号的一座女修道院。割风现在是女修道院里的园丁并负责看护园子，这个差使还是当初冉阿让做市长的时候安排的。割风老人感戴冉阿让救命之恩，就把冉阿让和珂赛特安置在自己的园丁屋子里。

这座修道院和任何一所修道院一样，是一个悲惨的地方。一扇古旧厚实的大门将它与世界隔绝。修女们戴黑头兜，嬷嬷们戴白头兜，胸前挂一个 4 英寸高的圣体像。她们整年吃素，念经，做早祷。逢到一些宗教节日，还得禁食。修女们低声说话，低头走路。修道院里除了大主教，不准任何一个男人进来，割风老人膝上的铃铛就是告知修女们避开他而设的。修女们在正祭台下面造了一个地窖，是准备安置她们死后灵柩的，但政府考虑到卫生的需要，不准在地窖停柩。修女们死了还是得像世俗的人一样被抬到墓地里埋葬。在修道院教规的折磨下，修女每年都有疯了或是死掉的。

冉阿让来到修道院的荒园。割风就跟院长请求说我的弟弟没有什么事做，是否可以让他带上他的小女孩（指珂赛特）在这里做园丁，院长答应了。这样进入修道院藏身的问题解决了，只是还得先出去，再进入修道院来。这时修道院死了一个嬷嬷。修道院院长要将她偷偷埋在祭台的地窖下面，由割风将死了的嬷嬷钉在修道院的棺材里，而将殡仪馆送来的那口棺材装成有死尸的样子从修道院抬出去。这让冉阿让有了绝处逢生的办法。

第二天，太阳偏西的时候，一辆老式的灵车上面有一口棺材，棺材上遮了一块白布，布上摊着一个极大的十字架，在神父、殡仪执事等护送下，慢慢地向坟场走去。此前珂赛特已经在前一天被装在背篓里离开了修道院，寄存在水果店老板娘家里，而冉阿让正躺在殡仪馆抬来的棺材里。割风已经和坟场埋葬工人梅斯千计划好了冉阿让的逃离计划。不承想梅斯千的爷爷死了，来接替他工作的是个有着一个瘦长的青色面孔、冷酷到极点的青年工人。在坟场，割风请他喝酒，他拒绝了。他说为了养家糊口，他除了当埋葬工人，还在市场摆了一个写字棚，早上要代人写信，晚上便来挖土填坑。他不敢耽误自己的工作，不敢喝酒。他一锹一锹往棺材上填土时，割风偷偷抽出了埋葬工人衣服口袋里的卡片，那个埋葬工人找不着自己的卡片大惊失色，便急着返家去寻找。割风忙撬开了棺木的盖板，此时，冉阿让已经失去了知觉。割风以为冉阿让死去失声痛哭，过了一会儿，冉阿让的眼睛渐渐地睁开，活了过来。他从棺材里爬了出来，两人一齐把盖子钉好，埋了那口空棺材。

一个钟头以后，割风、冉阿让和珂赛特三人一同进了女修道院的大门。冉阿让改名为羽尔迪姆·割风，修女们称他作割二。从此，冉阿让成了膝上挂着铃铛的修道院园丁，而珂赛特也成了修道院寄读学校的一名免费生。

珂赛特做了修道院里的寄读生，换上了院里规定的学生制服。冉阿让把珂赛特换下的衣服收回来，连同毛线袜和鞋子，都收在他的一只小提箱里，箱子里面还搁了许多樟脑和各种各样的香料。他把提箱放在自己床边的一张椅子上，将钥匙揣在身上。

冉阿让和割风老人住在园子里的由残砖破瓦搭起来的一个破房子里，一共3间屋子。那间正房，割风硬让给冉阿让住了，屋内的墙上除了挂膝带和背篓的两个钉子外，在壁炉上钉了一张保王党在九三年发行的纸币。珂赛特每天可以到他那里去玩一个小时。在一天中的一个固定时间，她会跑进冉阿让的破屋里来。她一进来，屋子便立即成了天堂，冉阿让喜笑颜开，想到自己能使珂赛特幸福，自己的幸福感也增加了。

这样又过了好几年，珂赛特成长起来了。

第三部　马吕斯

巴黎有一个叫吉诺曼的老人，是个顽固的保王党人。他有两个女儿，大女儿在家里侍候他。二女儿嫁给了拿破仑手下的一个军官上校乔治·彭眉胥。二女儿死后，留下一个孩子叫马吕斯。吉诺曼老人蛮不讲理地从女婿那儿夺来了小外孙。在外祖父的带领下，马吕斯从小出入贵族们的客厅，接受的都是保皇主义观点。他一直认为父亲不爱他，否则不会不管他。因此，从中学开始，一直到在法学院上学，他都没有主动去见过父亲。这个勇往直前的青年内热外冷，他慷慨、自负却又虔诚。在他17岁的时候，他的父亲在滑铁卢战役中受重伤去世了。父亲在遗书上说，在滑铁卢战场上，自己因作战勇敢被拿破仑亲自封为男爵。但王朝复辟后，当权者剥夺了自己用鲜血换来的爵位，但他认为，他的儿子马吕斯继承这个爵位应当是当之无愧的。

马吕斯从一个老年神父那里进一步了解了父亲。原来，父亲还是很爱他的，并不是像他想的那样。他从图书馆里借阅了一套政府的公报，知道了法国共和时期和帝国时期的全部历史。拿破仑在他心目中不再是一个杀人魔王，而是一轮冉冉升起的太阳。他惋惜自己的父亲死得早，在他心中父亲是个了不起的英雄。他经常背着外祖父，到父亲的坟前大哭一场。彭眉胥的死深深地教育了马吕斯，他同外祖父决裂了。1831年，巴黎一批青年拥护共和政体，成立了一个秘密组织"ABC朋友社"（"人民之友"社）。社员中的主要人物有安灼拉、公白飞、让·勃鲁维尔、赖格尔等，这是信仰共和的大学生的秘密团体，他们常在咖啡厅讨论政治和人权问题。马吕斯从外祖父家中出走后接触并参加了这个社团活动，这促使马吕斯形成了共和主义的信仰。

毕业之后，马吕斯做了一位律师，他喜欢到卢森堡公园的小路上散步。他经常在这里看到一个白发老人和一位年轻姑娘坐在靠椅上说着什么。这就是冉阿让和珂赛特。这时的冉阿让已离开修道院，化名为勒布朗。珂赛特也已经长成一个容貌秀美的姑娘了。马吕斯爱上了珂赛特，他每天都会穿戴整齐到卢森堡公园去散步，就是为了遇到她，看看她的音容笑貌。后来，他托人打听到老人和姑娘的名字，有一次还暗暗地跟踪他们，不料却被冉阿让发现了。冉阿让以为马吕斯是密探，立刻和珂赛特搬家了。马吕斯见不到他们，心里很是懊悔。

马吕斯的隔壁住着房客容德雷特一家人，他们就是破产了的酒店老板德纳第一家。他们全家来到巴黎，德纳第改名为容德雷特，以乞讨、诈骗和偷盗为生。冉阿让没有识破他，相反，拿出钱来救济他的一家。德纳第知道了勒布朗就是领走小姑娘珂赛特的冉阿让，他设下圈套准备陷害冉阿让。马吕斯事先得知了这个情况，他迅速设计帮助冉阿让，使得冉阿让跳窗逃生。德纳第和他的同伙由于作恶多端被沙威带着警察一网打尽。

第四部　卜吕梅街的儿女情和圣德尼街的英雄史诗

1832年是人民革命风暴席卷巴黎的很不平常的一年。冉阿让为了躲避警探的追捕，迁到卜吕梅街住。马吕斯与珂赛特相遇后，两人产生了热烈的爱情。6月，共和主义者在巴黎起义，酝酿已久的人民起义爆发了，整个巴黎都沸腾了。巴黎市民在街头巷尾筑起了街垒，在战斗中，斗志昂扬的起义人民表现得十分勇敢，80岁的老翁马白夫在紧急关头，高擎红旗，登上石阶，高喊着"革命万岁""共和万岁"的口号，最后，牺牲在敌人的枪弹之下。马白夫是国民公会的代表，是一个曾经投票要求处死国王的人；他活得长久，死得壮烈，他的英雄气概给年轻人做出了榜样。街垒战的指挥安灼拉赞誉他说："这便是我们的旗帜。"不管是老人还是孩子，都进入了革命的战斗行列。马吕斯出于对共和主义的信仰，也参加了圣德尼街头的战斗。由于反动势力的血腥镇压，共和党人在圣德尼街头的起义失败了，大批起义军战士战死在街垒，流血牺牲的共和主义英雄们写下了圣德尼街悲壮的史诗。

第五部　冉阿让

两座为内战而构筑的街垒耸立在6月晴朗的碧空下，一座堵塞了圣安东尼郊区的入口处，另一座挡住了通往大庙郊区的通道。这两座骇人杰作标志着这是有史以来一次规模最大的巷战。

整个巴黎的政府军队都出动了，三分之一的军队压在大庙郊区的街垒。那里只有80人防御，却被1万人攻打。到第4天，80人全部英勇牺牲。在圣安东尼郊区入口处街垒，起义军炮兵已经倒下了，剩下的人仍在镇定地使用火器，可是子弹已经剩下不多了。忽然发现有个叫伽弗洛什的小孩子在死尸之间奔跑着。他一边搜集子弹，一边唱着歌，而敌人的子弹正在不断地向他发射，烟雾在孩子的周围腾起。起义的人们急得喘不过气来，眼睛直盯着他。他拾起子弹夹装进手中的篮子。突然，他被敌人的子弹击中，被夺去了幼小的生命。马吕斯冲出了街垒，将倒在血泊中的孩子抱了回来。战士公飞白拾回了装子弹的篮子。

　　战斗进行了一天一夜，起义军虽然英勇奋战，但寡不敌众，守卫街垒的共和主义英雄们大批地倒下。冉阿让参加了街垒的战斗，起义军要他看守趁混乱之机混进起义队伍被俘的沙威。然而，他却放走了被捆绑起来准备处决的沙威。起义遭到了惨重的失败，马吕斯也负了重伤。安灼拉和战友们的枪中已没有子弹，只有枪托，他们战斗到最后，壮烈牺牲。冉阿让背着马吕斯从肮脏的下水道逃命。中途，他遇到了沙威，但这次沙威出乎意料地放走了冉阿让和马吕斯。沙威放走冉阿让之后，陷入职责与道德两相矛盾之中，于是投入塞纳河中自尽了。

　　冉阿让将受伤的马吕斯背到他外祖父家。吉诺曼受到了感动，同意了马吕斯与珂赛特的婚事。冉阿让拿出了全部存款给珂赛特作嫁妆。马吕斯在外祖父家治伤，他和珂赛特不久便结了婚。冉阿让把自己的身世和一生的遭遇告诉了马吕斯，希望自己的女婿能同情和原谅自己。可马吕斯受传统旧观念的影响，他认为冉阿让是个屡犯窃案的罪犯，竟要冉阿让离开他的家。冉阿让带着一颗被伤害的心孤独地离开了。

　　德纳第知道了马吕斯的妻子就是曾经寄养在他家的珂赛特，他嗅到了诈骗钱财的时机，于是向马吕斯讲述了冉阿让与珂赛特的关系。马吕斯知道了冉阿让不仅是珂赛特的恩人，并且还几次救过自己的性命。

　　马吕斯被冉阿让的道德精神所感动，他同妻子开始寻访冉阿让的下落。可等到他们找到冉阿让时，冉阿让在病床上已奄奄一息。冉阿让把珂赛特离开德纳第家时穿的一套旧衣衫和米里哀主教送给他的一对银烛台留给他们作为最后的纪念。在生命的最后时刻，他似乎看到了米里哀主教在对他说："我已经帮你赎罪了，你已经得到上帝的原谅，记得以后要重新做人！"这个受资本主义剥削压榨与法律迫害一生的苦难老人，在女儿和女婿的臂膀里，带着微笑离开了冷酷的人世。

【赏析】

《悲惨世界》是一部宏伟的社会史诗般的作品，它以磅礴的气势，全面展示了从 1815 年拿破仑失败到 1832 年巴黎人民起义这一历史时期法国的社会风貌。作品通过冉阿让、芳汀和珂赛特的经历，深刻地批判了当时社会的政治经济制度、伦理道德观念，鞭挞了反人道的法律制度，抨击了资产阶级法律的虚伪性和反动性，揭露了司法机关的黑暗和腐败。明确指出，法庭是一个拼凑罪状的地方，法律是草菅人命的工具。

《悲惨世界》的主题思想主要包括三方面的内容：第一，描写了贫苦人民的悲惨生活，说明了社会是造成人民不幸的根源；第二，肯定人民反抗这个不合理的社会及其制度的正义性；第三，阐明了仁慈、博爱才能拯救社会的思想，这是贯穿全书的根本思想。

这部小说呈现给世人的是一幅真实的历史画卷。从米里哀主教经历的 1793 年法国大革命高潮的年代开始，一直延伸到马吕斯参加的 1832 年巴黎人民起义。从拿破仑失败，波旁王朝复辟，"七月王朝"的建立到它的垮台，作品将近半个世纪历史进程中广阔的社会生活画面都一一展现出来。外省偏僻的小城，滨海的新兴工业城镇，可怕的法庭，黑暗的监狱，悲惨的贫民窟，阴暗的修道院……这一漫长浩大的画轴中每一个场景，无不栩栩如生，其细部也真切入微，而画面上的人物形象又是那么鲜明突出，画面的色彩是那么浓重瑰丽，整个画幅的气势是那么磅礴浩大，堪称文学史上现实主义与浪漫主义结合的典范。

这部长篇小说一方面以冉阿让为中心，通过描写冉阿让、芳汀、珂赛特的故事，交织出一幅穷苦人的悲惨生活画面。冉阿让因为偷一个面包被监禁了 19 年；商马第路过田野，拾了一根有苹果的树枝，被指控为盗窃犯和逃跑的苦役犯，要判无期徒刑；芳汀抗拒了侮辱她的绅士，被侮辱者却要被判 6 个月监禁。作者在这里对不幸的贫苦人民寄予了真挚的同情，他们的不幸命运集中代表了当时法国人民的苦难，是不公平的法律制度和虚伪的道德观念造成了这个悲惨世界。

主人公冉阿让的人生道路极其坎坷。他本是一个善良的劳动者，是被压迫、被损害、被侮辱的劳苦人民的代表。社会的残害、法律的惩罚、现实的冷酷使他盲目向社会进行报复，以致使他终身悔恨，而这种悔恨却又导致一种更深刻的觉悟，促使他的精神人格上升到崇高的境界。他的经历与命运，都具有一种崇高的悲怆性。

这部长篇小说另一方面描绘了海滨小城蒙特勒伊，说它是一个"世上乐园"。作者在现实主义的描写中它只是一种幻想中乌托邦，因为芳汀的悲惨故事恰恰发生在蒙特勒伊这个"世上乐园"。这也反映了作者世界观中的矛盾：他宣扬仁爱至上，但也感觉到它不是解决社会矛盾的唯一办法。因此，作者用大量的篇幅从共和党人最初的小组活动、斗争的开展和爆发一直写到英雄们的壮烈牺牲，热情歌颂了起义者的英雄无畏、坚强不屈，肯定了他们事业的正义性，塑造了马吕斯、马白夫老人和小英雄伽弗洛什。从描述共和党人安灼拉临死前的演说词中可以清楚地看出雨果同情革命，并且对革命寄予希望。由此可见，雨果虽然坚持道德感化的人道主义，但革命思想因素明显地在增长。他赞扬可歌可泣的群众性的起义斗争，歌颂起义的共和主义英雄，反映了雨果进步的民主主义思想。

雨果从人道主义出发，主张道德感化，认为仁爱能有效地解决社会问题。小说中的米里哀主教是以仁爱为中心的人道主义思想的艺术体现，作者用了两卷篇幅描写这个人物，赋予了他改造社会的巨大力量。米里哀主教是促成冉阿让改恶从善的决定因素；冉阿让又同样使用仁爱去感化恶势力的代表沙威。沙威形象的塑造，充分体现了资本主义现行法律的冷酷、残忍和与穷人为敌的反动本质，是一个死心塌地为统治阶级卖命的鹰犬，是旧制度的卫道士和打手。雨果宣传的仁爱精神是一种不可抗拒的力量，就是这样一个铁石心肠的沙威最终也被仁慈感化。他放走冉阿让后自杀，反映了雨果思想上存在着小资产阶级改良主义的幻想，认为慈悲和仁爱能把人改造成为新人。这是雨果受当时流行的空想社会主义思想的影响在小说中的局部表现。

小说中人物繁多，主要人物写得生动、感人。在人物描写中，作者喜欢抓住人物某一方面的特征加以夸张描写，以引起读者强烈的爱憎。米里哀主教是善的化身，而沙威则是恶的典型；一个代表道德感化，一个代表法律惩办。雨果使用对照的手法使他所描写的人物营垒分明。

小说最突出的艺术特点是浪漫主义与现实主义的紧密结合。情节富有戏剧性。小说描写了一个个惊心动魄的场面：如冉阿让从高大的战舰上跳海逃生，圣诞节的黑夜秘密出现在穷乡僻壤的密林，背着珂赛特爬上高墙跳入修道院藏身，躲进棺材被抬入墓地而后脱险等，气氛热烈、紧张而且奇险，扣人心弦，增强了作品的艺术效果。语言丰富、生动，时而是娓娓动听的叙述，时而是激烈的说教，时而是辛辣的嘲笑，时而又是诗意的沉思，构成绚丽多姿的语言特色。雨果采用对照原则的写作手法，将善和恶形成鲜明对比，运用夸张的手法描写不平凡的人物，渲染他们不同寻常的品质、力量和经历。在具体描写人物遭遇和环境时，又带有现实主义成分。作品中用了很长的篇幅描绘人民起义和街垒战斗，把人民群众的革命斗争视为解决社会矛盾的有力手段，从而将小说的主题升华到一个新高度。同时小说又糅合了大量浪漫主义的情节因素。

附录

雨果生平及创作年表

1802　2月26日，维克多·雨果生于法国东部贝尚松。其父为拿破仑麾下的一位将军。

1804　法兰西第一帝国成立。拿破仑正式称帝。

1808　随母亲来到了意大利那不勒斯父亲身边。

1811　随母亲到西班牙父亲身边。

1812　随母亲回到法国。

1814　拿破仑退位。波旁王朝第一次复辟。

　　　与哥哥欧仁一起被父亲送进寄宿学校读书，开始练习写诗。

1815　拿破仑败阵滑铁卢，波旁王朝第二次复辟。

1818　中学毕业。

1819　12月，同大哥阿贝尔、二哥欧仁及浪漫诗人维尼等人共同创办《文学保守者》周刊。

1820　结识夏多勃里昂等知名人士。

1821　3月，《文学保守者》周刊停刊。6月27日，母亲去世。

1822　6月，第一本诗集《颂诗集》出版。雨果获国王路易十八赏金。

10 月 12 日，与阿黛尔在巴黎结婚。

1823　2 月，小说《冰岛凶汉》出版。

7 月 16 日，妻子阿黛尔生下一子。10 月，孩子不幸夭折。.

1824　3 月，《新颂歌集》出版。获得国王路易十八第二笔赏金。

年初，与浪漫主义保守派文人一起创办《法兰西诗神》杂志。

6 月 15 日，《法兰西诗神》杂志停刊。

8 月 28 日，长女列奥波尔季娜出生。

1825　4 月，被国王查理十世授予荣誉勋章。

5 月，应邀参加查理十世的加冕典礼。

1826　1 月，小说《布格·雅加尔》出版。

11 月 2 日，长子查理·维克多出生。

11 月，《歌吟集》出版。

1827　2 月，诗作《旺多姆广场铜柱颂》发表。

12 月，韵文剧本《克伦威尔》出版，其《〈克伦威尔〉序言》
成为著名的浪漫主义宣言。

1828　1 月 29 日，父亲去世。

10 月 21 日，次子弗朗索瓦·维克多出生。

1829　1 月，诗集《东方集》出版。

2 月，小说《一个死囚的末日》出版。

7 月 14 日，剧本《玛丽蓉·德洛尔姆》因批判封建王权被禁演。

1830　2 月 25 日，浪漫诗剧《欧那尼》在巴黎法兰西剧院首场演出。

7 月 26 日，次女小阿黛尔出生。

1831　2 月 13 日，小说《巴黎圣母院》出版。

11 月，诗集《秋叶集》出版。

1832　10 月，迁居巴黎皇家广场 6 号（现为孚日广场雨果故居）。

11 月 22 日，戏剧《国王取乐》首演后遭到禁演。

与女演员朱丽特·德鲁埃相识。

1833　2 月 2 日，戏剧《玛丽·都铎》首演。

年初，《吕克莱斯·波基亚》首演。

1834　杂文《文学与哲学杂论集》出版。

7 月，小说《克洛德·格》出版。

1835　4 月 28 日，散文剧《安日洛》首演。

10 月，诗集《暮歌集》出版。

1836　2 月，开始竞选法兰西学院院士。到 1840 年竞选三次均失败。

1837　6 月，诗集《心声集》出版。

10 月，完成叙事诗《奥林匹欧》，被收入诗集《光影集》中。

1838　11 月 8 日，浪漫剧《吕依·布拉斯》在文艺复兴剧院落成之际上演。

1840　5 月，诗集《光影集》出版。

1841　1 月 7 日，当选法兰西学院院士。

1842　1 月，游记《莱茵河之游》出版。

1843　3 月 7 日，剧本《城堡里的伯爵》首演失败。

9 月，在旅行途中惊闻长女与其夫于 9 月 4 日在塞纳河不幸双双溺水身亡的噩耗。

1845　4 月 13 日，被国王路易·菲利普授予"法兰西贵族"的称号，获得法国贵族爵位。

11 月，开始构思小说《苦难》（即《悲惨世界》的初稿）。

1848　2 月，二月革命爆发，"七月王朝"被推翻。

6 月，法国无产阶级举行的六月起义在资产阶级血腥镇压下遭到失败。

12 月，在总统大选中投票支持路易·拿破仑·波拿巴。12 月 20

日，路易·拿破仑·波拿巴就任共和国总统。

1849　5月13日，当选立法议会议员。

8月，担任世界和平大会主席。

1850　坚定站在议会左派一边，成为社会民主派的领袖，主张废除终
身流放的惩罚制度，主张新闻出版自由。

8月，在巴尔扎克葬礼上致悼词。

1851　12月2日，路易·拿破仑·波拿巴发动政变，宣布实行帝制，
自称拿破仑三世，建立法兰西第二帝国。

12月11日，雨果化名离开巴黎，被迫流亡比利时布鲁塞尔。

1852　1月9日，法兰西第二帝国发表政令，宣布将雨果驱逐出境。

8月，雨果在布鲁塞尔发表政论小册子《小拿破仑》，并写出了
《一桩罪行的始末》的书稿。

7月25日，被比利时驱逐。7月31日，流亡英属泽西岛。

1853　11月，政治讽刺诗集《惩罚集》在布鲁塞尔出版。

1854　6月，为帮助在泽西岛的流亡者摆脱困境，带头发起募捐运动。

1855　10月27日，被英方泽西岛驱逐，10月31日，流亡英属盖纳西岛。

1856　4月，诗集《静观集》出版。

在盖纳西岛购置"上城别墅"。

1858　6—9月，背部生疮，治疗休养。

1859　8月，拒绝接受路易·拿破仑·波拿巴大赦，决心流亡到底。

9月，诗集《历代传说》第一卷出版。

12月2日，为呼吁赦免美国废奴主义领袖约翰·勃朗死刑，发表
《告美利坚合众国书》。

1860　创作小说《悲惨世界》。

1861　5月，参观滑铁卢战场。

11 月 25 日，在致英军上尉的一封信中，抗议英法侵略军劫掠焚毁中国圆明园的罪行，谴责英法在华的殖民主义政策。

1862　4—6 月，小说《悲惨世界》十卷相继出版。

1863　向波兰和意大利被压迫民族和人民表示道义和物质上的援助。

1864　4 月，文学评论《莎士比亚论》出版。

1865　春，开始创作小说《海上劳工》。

1865　10 月，诗集《街头与森林之歌》出版。

1866　3 月，小说《海上劳工》出版。

1867　发表颂扬意大利民族英雄加里波第的诗歌《盖纳西的声音》。

1868　8 月 27 日，雨果夫人在布鲁塞尔病逝。

1869　4—5 月，小说《笑面人》出版。

　　　9 月，赴瑞士洛桑主持和平大会。

1870　7 月，普法战争爆发。

　　　9 月，拿破仑三世垮台，法兰西第三共和国成立。

　　　9 月 5 日，雨果结束 19 年流亡生活，返回巴黎。

1871　2 月 16 日，当选国民议会议员。

　　　3 月 18 日，巴黎无产阶级起义。

　　　3 月 18 日，长子查理·维克多去世。

　　　3 月 28 日，巴黎公社成立。

　　　5 月 26 日，雨果因在比利时向公社流亡者提供避难场所。后被比利时政府驱逐。

　　　10 月，返回巴黎，疾呼赦免全体被判罪的公社社员。

1872　4 月，诗体日记《凶年集》出版。

　　　11 月 21 日，开始写小说《九三年》，第二年夏完稿。

1873　12 月 26 日，次子弗朗索瓦·维克多病逝。

1874　2 月，小说《九三年》出版。

1875　5—11 月，《言与行》出版。

1876　1 月 30 日，当选塞纳区参议员。

　　　3 月 22 日，在凡尔赛的参议院会议上，提出大赦公社社员的法案。

1877　2 月，诗集《历代传说》第二卷出版。

　　　5 月，诗集《做祖父的艺术》出版。

1878　3 月，26 年前写成的揭露路易·拿破仑·波拿巴政变的小册子《一桩罪行的始末》出版发行。

　　　4 月，反对天主教的政论《教皇》出版。

　　　7—11 月，身患重病，在盖纳西休养。

1879　2 月，在参议院第三次就大赦法案发言。

　　　政论《至高的怜悯》、诗集《驴颂》出版。

1881　2 月 26 日，巴黎民众在雨果寓所前集会，为他庆贺八十寿辰。

　　　5 月，诗集《自由自在的精神》出版。

1882　再次当选参议员。

　　　剧本《笃尔克玛达》出版。

1883　5 月 11 日，朱丽特去世。

　　　6 月，诗集《历代传说》第三卷出版。

1885　5 月 22 日，因患肺炎，与世长辞，享年 83 岁。

　　　6 月 1 日，法国为雨果举行国葬，遗体安葬于法国伟人长眠的先贤祠。

参考文献

1. 郑克鲁. 外国文学史［M］. 北京：高等教育出版社，2011.

2. 程陵. 外国文学基础［M］. 北京：北京大学出版社，2006.

3. 陈应祥，傅希春，王慧才. 外国文学［M］. 北京：高等教育出版社，2009.

4. 杨慧林，张良春，赵秋棉. 外国文学阅读与欣赏［M］. 北京：首都师范大学出版社，2008.

5. 郑克鲁. 外国文学简史［M］. 上海：华东师范大学出版社，2009.

6. 聂珍钊. 外国文学史［M］. 上海：华东师范大学出版社，2010.

7. 柳鸣九. 雨果文集［M］. 北京：北京联合出版公司，2014.

8.【苏】穆拉维约娃. 雨果传［M］. 冀刚，译. 上海：上海译文出版社，1990.

9. 葛丽娟. 法兰西诗神：雨果传［M］. 石家庄：河北人民出版社，2012.

10.【法】维克多·雨果. 东方集［M］. 张秋红，译. 南京：译林出版社，2013.